성경공부 1

넘치는 은혜

죽음보다 강한 사랑 | 기도하는 이유
고통의 이유 | 참 그리스도인입니까?
한 번 얻은 구원을 잃어버릴 수 있나요?
왜 하나님은 우리와 같이 되셨을까요?

11Bible.NET

성경공부 1

넘치는 은혜

편　　집 11HN 네트워크
발 행 인 손계문
발 행 일 2018년 6월 1일
인 쇄 일 2020년 10월 15일 재판
출판등록 2007년 7월 4일
전　　화 1544-0091, 010-9543-0091
이 메 일 ask@11bible.net
웹사이트 www.11bible.net

ISBN : 979-11-6324-010-5 (세트)
ISBN : 979-11-6324-011-2 04230
값 6,000원

11HN(11th Hour Network : 열한시 네트워크)는
성경의 진리와 참된 복음을 회복하기 위해 힘쓰고 있으며 값싼 구원론과 교회성장, 기계적인 신앙으로 전락해버린 교회를 흔들어 깨우기 위해 회개운동, 거룩운동, 재림운동을 하는 신앙 운동체입니다. 예수 그리스도의 마음을 품은 예수님의 증인들이 세상 곳곳에서 일어나기를 소망합니다.

Contents

1장 죽음보다 강한 사랑

제1부 십자가의 숨겨진 의미 …… 7

제2부 세상에서 가장 위대한 사랑 이야기 …… 24

2장 기도하는 이유

제1부 기도란 무엇인가? …… 32

제2부 응답받는 기도의 조건 …… 34

제3부 기도하는 이유 …… 37

제4부 기도 - 하나님의 마음을 움직이는 열쇠 …… 46

제5부 하나님께서는 어떤 기도들은 응답해 주실 수 없는 이유 …… 49

3장 고통의 이유

제1부 성경이 말해주는 고통의 이유 6가지 …… 57

제2부 아내를 잃은 사람들에게 드리는 글 …… 73

4장 참 그리스도인입니까?

제1부 누가 진짜 그리스도인인가? …… 82

제2부 진짜 그리스도인의 길 …… 98

5장 한 번 얻은 구원을 잃어버릴 수 있나요?

제1부 구원 받는 것과 멸망 받는 것, 어느 것이 더 쉬울까? …… 108

제2부 한 번 구원 받으면 영원히 구원 받는 것인가? …… 121

6장 왜 하나님은 우리와 같이 되셨을까요?

제1부 우리와 하나가 되시기 위해 …… 134

제2부 예수님의 본성이 우리와 무슨 관계가 있는가? …… 139

제3부 정말 우리와 같은 인성을 입으셨는가? …… 143

제4부 죄인은 구세주가 될 수 없다? …… 148

제5부 우리도 예수님처럼 살 수 있다 …… 152

성경공부
넘치는 은혜

1장

죽음보다 강한 사랑

우리는 예수님의 고난과 죽음의 의미를
얼마나 이해하고 있을까요?

의인을 위하여 죽는 자가 쉽지 않고 선인을 위하여 용감히 죽는 자가
혹 있거니와 우리가 아직 죄인 되었을 때에 그리스도께서 우리를
위하여 죽으심으로 하나님께서 우리에게 대한 자기의 사랑을
확증하셨느니라 (로마서 5:7,8)

제1부 십자가의 숨겨진 의미

1. 서론

전해져 내려오는 이야기로는, 워털루 전투에서 비참하게 패배한 나폴레옹은 실패로 끝난 전략의 문제점이 어디에 있는지 분석하기 위해서 그의 지휘관들을 소집하였다고 합니다. 한참 토의가 진행되는 도중, 작달막한 키의 나폴레옹 장군은 여러 색깔로 표시된 지도 위의 영국을 가리키며 비통한 듯이 말했습니다. "이 빨간 지점만 아니었으면 내가 세계를 제패할 수 있었을 텐데!"라고. 이처럼 사탄도, 옛 예루살렘 성문 밖 언덕 위에 세워져 있는 십자가를 가리키며 똑같이 말했을 것입니다. 우리 대적의 손아귀에서 이 세상을 구원해 낸 갈보리의 붉은 지점에 대해서 감사하지 않으시렵니까?

그것은 이 지구성의 운명을 종결 지은 장소요, 치열한 투쟁의 장소이었습니다. 사탄은 그 후부터 이미 패배한 원수가 되고 말았습니다. 그곳에서 그는 필사적인 전투를 하였지만, 거기서 결정적 패배를 당함으로써 영원히 다시 일어설 수 없게 되었습니다.

십자가 위에서 이루어졌던 그리스도의 고난과 죽음의 의미를 제대로 이해하는 그리스도인들이 얼마나 있습니까? 우리는 그분께서 싸우신 싸움, 그분께서 당하신 고난과 죽음이 과연 어떤 것인지에 대해 희미한 이해밖에 하지 못합니다. 우리의 눈이 열려서 그분의 희생의 참된 의미를 이해할 수 있다면, 더는 사탄에게 협력하고 굴복하는 비참한 일은 없게 될 것이며, 우리는 연약한 상태에서 벗어나 훨씬 더 담대해지고 용감해질 것입니다.

성경의 저자들은 인간의 언어를 통하여, 하나님 아들의 성육신과 대속의 죽음의 신비를 설명하고자 애썼습니다. 가끔 우리는 그들의 영감적인 증언을 읽으며 흐느끼곤 합니다. 십자가에 대한 어렴풋한 이해를 통해서도, 우리의 마음은 감동됩니다. 영원한 세월을 두고서 십자가의 사랑과 희생에 대하여 연구할지라도, 우리는 이 주제의 겉핥기 정도 밖에는 이해할 수 없습니다.

바울은 이렇게 기록하였습니다. "너희 안에 이 마음을 품으라 곧 그리스도 예수의 마음이니 그는 근본 하나님의 본체시나 하나님과 동등 됨을 취할 것으로 여기지 아니하시고 오히려 자기를 비어 종의 형체를 가져 사람들과 같이 되었고 사람의 모양으로 나타나셨으매 자기를 낮추시고 죽기까지 복종하셨으니 곧 십자가에 죽으심이라"(빌 2:5-8).

이 장엄한 표현들은 그리스도께서 하늘 보좌에서 마구간으로, 그다음에는 십자가까지 내려오신 모습을 묘사하고 있습니다.

2. 가장 높은 곳에서 가장 낮은 곳으로!

그리스도께서 이루신 것을 적절히 묘사할 알맞는 예화는 어느 시대, 어느 곳에도 없습니다. 종종 우리는 그분의 희생 정도를 묘사하기 위하여 가상적인 예화를 들기도 합니다. 한 무리의 개들이 병에 걸렸습니다. 헌데가 더덕더덕 나고 고름이 줄줄 흐릅니다. 한 인간이 자신을 낮추어서 개가 되어 준다면, 그 모든 개가 임박한 죽음으로부터 살 수 있다고 가정합시다. 우리 가운데 자진해서 인간의 신분을 버리고 말 못하는 천덕꾸러기 개로 자신을 낮출 사람이 있을까요? 그럴듯한 이야기처럼 들리긴 하지만, 하나님 아들의 굴욕을 나타내 보이기에는 너무도 빈약한 예화입니다. 정죄 받고 죽을 수밖에 없는 아담 가족의 일원이 되시기 전에 예수께서 가지고 계셨던 왕의 자리를, 그리고 그분께서 버리셨던 영광의 위치를 우리는 이해할 수 없습니다.

그래서 그리스도인들이 속죄(Atonement)를 이해하기가 그렇게 어려운 것입니다. 왜 그렇게 많은 사람이 십자가의 사건을 그냥 지나쳐 버리고 있습니까? 왜냐하면, 그들은 자신들의 구원을 위해서 하나님의 아들이 어떠한 대가를 지불하셨는지 잘 이해하지 못하고 있기 때문입니다. 만일 우리가 그것을 조금이나마 이해하게 된다면, 우리는 그분께 대하여 감사하는 생애를 살지 않을 수 없게 될 것입니다. 우리는 가장 크게 투자한 것에 가장 큰 가치를 부여하기 때문입니다.

한번은 무심할 정도로 그리스도의 희생에 대해서 무관심한 사람들을 만나본 적이 있습니다. 언젠가 저는 전도 집회를 끝내고 한 사람을 방문한 적이 있었는데, 그는 밤마다 집회에 잘 참석했는데도 불구하고, 결심하지 않은 사업가였습니다. 우리는 지난 4주 동안 서로 꽤 친해졌습니다. 그래서 저는 그가 그리스도를 믿기로 하지 않는 이유를 물어보기 위해서 그를 찾아갔습니다. 그는 한번도 복음에 대해서 어떤 반응을 보인 적이 없었는데, 저의 부드러운 질문을 받자, 자신은 구원받았다는 확신이 전혀 들지 않는다고 대답했습니다. 마지막으로 물었습니다. "김 선생님! 당신이 오늘 밤 죽는다면 영생을 얻을 희망이 없다는 말씀입니까?" 그가 대답했습니다. "그렇습니다. 저는 그리스도교의 신앙을 고백해본 적이 전혀 없답니다."

너무도 냉담한 그의 태도에 놀란 저는 심각하게 물었습니다. "김 선생님, 만일 당신이 오늘 저녁에 마을 사람 10명의 사인을 받아오기만 하면, 내일 은행에서 천만 원의 돈을 당신에게 준다고 가정합시다. 그렇다면 마을을 다니면서 10명의 사인을 받아오시겠습니까?" "물론 하고 말고요!" 그가 대답했습니다. "서류에 한 사람의 사인을 빠뜨려서 천만 원을 받지 못하게 되는 일은 없으시겠죠?" "천만에요. 꼭 받아야지요. 그 좋은 기회를 놓칠 수 없지요."

김 선생은 구원이 정말 좋은 것임을 깨닫지 못하고 있었습니다. 저는 그를 포기할 수 없었기 때문에 온 힘을 다해서 더욱 친절히 그에게 말했습니다. "김 선생님, 당신은 오늘과 내일 사이에 천만 원을 얻을 기회는 절대 놓치지 않으리라고 말씀하셨죠? 그런데 왜 오늘 밤에 죽으면, 영원한 생명을 잃게 되는데, 그것은 상관없다고 말씀하십니까? 영원한 생명보다 돈에 더 귀한 가치를 두시는군요. 당신의 평가 기준은 뭔가 잘못되었습니다. 당신은 자신의 구원을 위해서 치러진 대가가 어떤 것인지를 조금도 이해하지 못하는 것이 분명합니다. 그렇지 않다면 그것을 그렇게 가볍게 취급하실 리가 없습니다."

김 선생과의 대화를 통하여, 그가 그리스도의 십자가에 대해서 그토록 무관심한 태도를 보이게 된 이유를 알게 되었습니다. 그가 수많은 그리스도인 틈에서 생활하였고, 수없이 많은 설교를 들어오긴 했지만, 그리스도의 죽음을, 보통 사람들이 생각하듯이, 하나의 순교로 보고 있었습니다. 그리스도의 죽음이 예루살렘 근방에서 십자가형을 받았던 수많은 순교자의 죽음과 유사한 것이라는 생각은 너무나도 잘못된 것입니다. 그리스도의 죽음은 다른 순교자들의 죽음과 비교될 수 없습니다. 그리스도께서는 매질을 당하고, 못 박히고, 창에 찔리는 고통과 같은 신체적인 고통으로 돌아가신 것이 아닙니다. 어떤 사람이 극심하게 매질을 당하거나 못 박힌다고 해서, 그것을 그리스도 십자가의 고뇌에 비교할 수는 없습니다. 하나님의 아들, 예수 그리스도의 죽음은 달랐습니다. 그렇다면 어떻게 달랐을까요?

그분께서는 어떤 종류의 죽음을 당하셨을까요? 성경은, "하나님의 은혜로 말미암아 모든 사람을 위하여 죽음을 맛보려 하"(히 2:9)셨다고 말합니다. 잠시 이것을 생각해 보십시다. 그분은, 나의 죽음을, 여러분의 죽음을, 그리고 다른 모든 사람의 죽음을 죽으셨습니다. 어떻게 그것이 가능합니까? 그렇다면 우리의 삶의 끝 날에 우리 자신들의 죽음을 경험하지 않아도 된다는 말입니까? 예, 그렇습니다. 바로 여기에 그분께서 우리를 위해 이루신 일의 신비와 경이가 있습니다. 그러나 그분께서는 우리를 대신해서 첫 번째 사망을 당하신 것이 아닙니다. 그분께서는 세상에 태어난 모든 사람의 둘째 사망을 대신 경험하셨던 것입니다.

3. 그리스도께서는 둘째 사망을 경험하심

첫째 사망과 둘째 사망의 차이를 아는 것은 매우 중요합니다. 그래야만 하늘 아버지께서 당신의 아들이 십자가에 못 박히는 것을 허용하셨던 이유를 이해할 수 있습니다. 천사들도 십자가에 매달려 있는 그리스도를 돕도록 허락되지 않았습니다. 예수님은 마치 그가 세상에서 가장 악한 죄를 지은 것처럼 취급되어야 했습니다. 그 무거운 죄 짐과 정죄 아래 짓눌려서, 그는 굵은 핏방울을 땀처럼 흘리시고 마침내 땅을 향해 머리를 떨구셨습니다. 골고다의 언덕에서, 그는 아버지 하나님의 가납하시는 면전으로부터 차단된 채 괴로움에 울부짖으셨습니다. "나의 하나님 나의 하나님 어찌하여 나를 버리셨나이까"(마 27:46).

여러분은 김 선생의 문제가 무엇인지 아십니까? 그는 십자가의 참된 고통을 이해하지 못했으며, 그래서 그는 구원을 위해서 치러진 대가가 어떠한 것인지를 올바로 알지 못했습니다. 이제, 김 선생이 깨닫지 못했으며, 오늘날 수많은 사람이 올바로 평가하지 못하고 있는 그 십자가의 "숨겨진 대가"를 함께 찾아보십시다.

바울은, "이러므로 한 사람으로 말미암아 죄가 세상에 들어오고 죄로 말미암아 사망이 왔나니 이와 같이 모든 사람이 죄를 지었으므로 사망이 모든 사람에게 이르렀느니라."(롬 5:12)고 했습니다. 바울의 말에서 우리는 몇 가지 의문점을 갖게 됩니다. 오직 한 사람만이 죄를 지었는데 왜 모든 사람이 죽어야 합니까? 왜 우리가 다른 사람의 죄 때문에 대신 형벌을 치러야 합니까? 아담이 에덴동산에 있을 때, 그는 세상에 태어날 모든 사람을 대표한 것입니다. 인류의 시조로서, 그는 마치 자신이 모든 사람인 것처럼 하나님 앞에 섰습니다. 여러분과 저도 사실 거기에 있었던 것과 마찬가지입니다. 아담의 형상을 닮은 자손들이 태어났는데, 그들은 아담의 유전인자와 염색체를 가지고 태어났으며, 아담의 몸과 마음을 이어받았습니다. 아담의 모든 후손은 그들이 받은 영향을 자신들의 후손들에게 똑같이 전수하였습니다. 아담은 우리의 조상이며, 아담 안에는 세대마다 되풀이 되는 유전법칙이 존재하고 있었습니다.

아담에게 무슨 일이 있었기에, 그것이 자손들에게 영향을 주었다는 말입니까? 하나님께서는 에덴동산에 한 시험을 두셨습니다. 그 시험은 단순하고 직접적이었습니다. 순종하면 살고 불순종하면 죽는다는 시험이었습니다. 우리는 동산 중앙에 있던 나무의 이야기를 잘 알고 있습니다. 하나님께서 말씀하셨지요? "네가 먹는 날에는 반드시 죽으리라"(창 2:17). 아담이 계속해서 그 완전한 에덴동산의 환경 가운데서 살아갈 수 있느냐의 문제는, 그의 순종 여하에 달렸었습니다. 아담의 행복한 미래는 금지된 나무 가까이 가지 않는 것을 조건으로 이루어지는 것이었습니다. 그러나 그는 그 조건을 충족시키지 못했습니다.

하나님의 명령을 불순종할 경우, 형벌을 제하거나 가볍게 하기 위한 어떠한 대책도 없었습니다. 시험은 분명했습니다. 순종하여 살든지, 불순종하여 죽든지 둘 중의 하나였습니다. 아담의 나이 930세 때에, 그 선고는 집행되었고, 그는 결국 죽어서 땅에 묻혔습니다.

아담의 모든 후손은 죄 때문에 더러워진 본성을 가지고 태어났습니다. 그들은 단지 조상이 물려주는 것만을 가지고 태어날 수밖에 없었습니다. 이리하여 모든 사람은 죄 되고 타락한 본성을 가지고 태어났습니다. 그러나 그들이 조상이 지은 죄의 책임(Guilt)을 물려받은 것은 아닙니다. 그들이 범죄한 아담으로부터 물려받았던 것은 약해지고 죄를 좋아하는 본성이었습니다. 아담의 후손들이 아담의 죄에 대한 책임을 떠맡지 않는다는 의미는, 아담의 후손들이 아담으로부터 물려받은 것은 죄 자체가 아니라는 뜻입니다. 아담의 후손들은 아담이 지은 죄의 결과 즉, 죄 탓에 도덕적, 정신적으로 연약해진 육체를 물려받았던 것이지, 아담이 범죄한 죄 자체를 전수받은 것이 아닙니다. 따라서 아담의 후손들에게 있어서 원죄(Original Sin)라는 것은 전혀 해당하지 않는 단어입니다.

죄의 결과 때문에 연약해진 육체를 타고나는 아담의 후손들은 아담처럼 죽음을 당하게 되었습니다. 그러나 그들의 죽음은 아담의 죄 때문에 받게 되는 형벌이 아닙니다. 그들(아담의 모든 후손)은 유전법칙에 따라 죽을 수밖에 없는 본성(Mortal Nature)을 전수받았기 때문에 죽는 것입니다. 그들의 죽음은 아담이 후손들에게 물려준 퇴화한 육체 때문이었습니다. 그러나 아담의 죽음은 자신의 죄에 대한 형벌이었습니다.

그때부터 죄는 세상에서 움직일 수 없는 요지부동한 존재가 되었고, 모든 인간은 한번은 죽을 수밖에 없게 되었습니다. 그런데 이러한 상황에서, 하나님께서 개입하지 않으셨다면, 모든 사람의 죽음은 영원한 죽음으로 끝날 뻔하였습니다. 아담의 생명은 그가 범죄했을 때에 이미 끝났습니다. 첫 번째로 주어진 생명이 시험에 굴복함으로써 끝날 수밖에 없게 되었습니다. 하나님께서 처음 그에게 주신 생명에 대한 모든 희망은 끝났습니다. 이제, 죽음 -더는 희망이 없는 영원한 죽음- 만이 아담을 기다리고 있었습니다. 하나님께서 그 후 아무런 일도 하지 않으셨다면, 아담과 그의 모든 후손에게는 그것이 끝이 되었을 것입니다.

4. 인류에게 주어진 두 번째 기회

그러나 아담이 범죄한 후, 하나님께서는 즉시 여자의 후손(창 3:15, 동정녀 마리아에게 태어나실 예수 그리스도를 상징함)을 통한 구속의 경륜을 발표하시고 그에게 새로운 기회를 주셨습니다. 이 두 번째 기회는, 사람들이 자신들의 형벌을 대신 짊어지시고 돌아가신 그리스도를 그들의 구세주로 받아들이는 것을 조건으로 하고 있습니다. 이 두 번째 배려를 통하여 아담과 그의 모든 후손에게 새로운 희망을 준 것입니다. 그러나 이것이 첫 시험에 실패한 결과를 변경하거나 없애버리지는 않았다는 사실을 이해해야만 합니다.

이 사실은 우리에게 매우 엄숙한 질문을 던집니다. 어떻게, 하나님께서는 아담의 첫 번째 실패에 대한 형벌인 죽음을 집행하심으로써 당신 자신의 존엄성과 권위를 유지하시며, 동시에 또 한 번의 기회를 아담과 그의 후손들에게 제공하심으로써 모든 사람에게 새로운 생명을 주실 수 있습니까? 하나님께서는 매우 놀랍고도 단순한 방법으로 이 어려운 문제에 대처하셨습니다. 하나님께서는 사람이 의롭게 살든지, 또는 악하게 살든지를 불문하고, 제한된 일정한 삶의 기간을 가진 후에 죽을 수 있도록 계획하셨습니다.

첫 번째 죽음은 첫 시험에서 아담이 실패한 결과로 주어졌습니다. 모든 사람은 첫 번째 죽음(그들 자신의 잘못으로 말미암은 죽음이 아님)으로부터 부활하게 될 것입니다. 그들은 하나님 앞에 서서 자신들의 생애 동안에 개인적으로 지은 죄에 대해서 답변하게 될 것인데, 이것에 대해서는 그들이 스스로 책임을 져야 합니다. 그들의 영원한 운명은 두 번째 시험에 의해서 결정될 것이며, 그리스도를 통한 구원의 조건을 그들이 어떻게 충족시켰느냐에 따라서 결정될 것입니다.

만약 인류가 두 번째 시험에서 실패한다면, 그들은 더 이상의 시험의 기회를 갖지 못할 것이며, 그들의 죽음은 "둘째 사망"이라고 불리는 최종적인 영원한 죽음이 될 것입니다. 이제, 사도 바울의 말이 더욱 잘 이해되실 겁니다. "아담 안에서 모든 사람이 죽은 것 같이 그리스도 안에서 모든 사람이 삶을 얻으리라."(고전 15:22) 하나님께서 세우신 구속의 계획 속에는 첫째 사망으로부터 모든 사람이 부활하는 것이 포함되어 있습니다.

모든 사람이 자신들의 행동과 선택에 기초한 심판을 받을 수 있게 하려면 그 일이 필요한 것입니다. 어떤 사람들은, 단지 유황불 못에 던져 죽이시기 위해서 악인들을 부활시키시는 것을 생각하면서, 하나님은 너무 잔인하고 독재적이라고 말할지 모릅니다. 왜 그들을 그냥 첫째 사망의 권세 아래 놔두시지 않느냐고 묻습니다. 그 이유는, 첫째 죽음은 아담의 후손 자신들의 죄에 대한 형벌이 아니기 때문입니다. 모든 사람은 자신의 행위와 결정에 따라서 심판 받는 것이 공정한 처사입니다. 또한, 하나님의 공의는 개인들에게 자신들의 구원을 위한 조건을 충족시킬 것을 요구합니다. 부활이 없이는 어떤 심판도 행해질 수 없고 어떤 정당한 보상도 주어질 수 없습니다. 의인과 악인 모두를 부활시키는 것은 하나님의 공의의 표준으로 이루어지는 것입니다.

5. 둘째 아담이 시험에 응함

지금까지 첫째 죽음과 둘째 죽음을 공부했으니, 이제 첫째 아담과 둘째 아담의 역할을 살펴보십시다. 에덴동산에서 아담이 전 인류를 대표했던 것처럼, 둘째 아담이신 예수께서도 모든 사람을 대표하셨습니다. "그런즉 한 범죄로 많은 사람이 정죄에 이른 것 같이 의의 한 행동으로 말미암아 많은 사람이 의롭다 하심을 받아 생명에 이르렀느니라. 한 사람의 순종치 아니하므로 많은 사람이 죄인 된 것 같이 한 사람의 순종하심으로 많은 사람이 의인이 되리라"(롬 5:18,19).

우리가 살펴보았듯이, 첫 아담에게 일어났던 것은 무엇이나 그가 대표했던 모든 사람에게 영향을 미쳤습니다. 이와 마찬가지로 둘째 아담의 경험도 모든 사람에게 직접적으로 영향을 미치게 된다는 것이 바울의 말하고자 하는 바입니다. 창조주이신 예수님께서는 인류의 가족이 되셔서, 마치 그 자신 안에 모든 사람이 포함된 것처럼 하나님 앞에 서셨습니다. 그래서 바울은 "내가 그리스도와 함께 십자가에 못 박혔"(갈 2:20)다고 말했습니다. "우리가 ... 침례를 받음으로 그와 함께 장사 되었나니"(롬 6:4). "그리스도를 죽은 자 가운데서 살리심과 같이 우리로 또한 새 생명 가운데서 행하게 하려 함이니라"(롬 6:4). 인간의 삶은 그리스도의 생애의 사건들과 밀접하게 연관되어 있습니다.

예수께서는 첫 아담이 실패한 것을 만회하기 위해서 오셨기 때문에, 그분께서는 인류와 같은 육체를 취하셔야 했습니다. "그러므로 저가 범사에 형제들과 같이 되심이 마땅하도다"(히 2:17). 죄를 정복하는 면에서, 예수께서 그분의 형제들보다 어떤 유리한 초자연적 능력을 가지셨다면, 예수께서는 사탄으로부터 공정하지 못하다는 비난을 들으셨을 것입니다. 사탄은 오래 전부터, 하나님께서는 불합리하고 불가능한 순종을 인간에게 요구하신다고 비난해 왔습니다. 그리스도께서는, 인간의 육체와 본성을 취하신 상태에서, 하나님의 요구들을 충족시켜야 하였습니다. 또한, 그렇게 함으로써만, 사탄의 거짓 고소를 반박하실 수 있었는데, 이는 누구든지 하늘 아버지에 대한 믿음과 성령의 도우심을 받아서, 죄와 유혹에 승리할 수 있게 하시기 위함이었습니다.

인간의 육체를 취하신 예수께서 아담이 실패한 것에 대하여 완전한 순종의 모본을 보이심으로써, 모든 사람을 위한 구원의 기초를 이루게 되었는데, 그것은 죄와 사망에 대한 완전한 승리였습니다. 모든 아담의 후손은 아담의 실패 때문인 결과와 영향 때문에 율법을 순종하는 것이 불가능하게 되었습니다. 죽을 수밖에 없는 운명을 가지고 태어나는 아담의 가족인 인류는 영원히 고통 당하고 패망할 운명에 처하게 되었습니다. 그러나 둘째 아담인 예수 그리스도의 완전한 승리로 말미암아 첫째 아담의 가족들이 구원받을 수 있는 문이 열리게 된 것입니다. 이것이야말로 놀라운 소식이 아닙니까?

6. 기록을 바꿈

첫째 아담은, 육체적인 출생을 통하여, 죄로 인해 연약하고 타락한 육체와 죽음을 후손들에게 물려주었습니다. 그러나 둘째 아담은, 영적인 출생(성령으로 나심)을 통하여, 당신의 죄 없고 순결한 경험 -신의 성품, 승리 그리고 영원한 생명 -을 당신의 영적 자녀들에게 물려주셨습니다. 첫째 아담이 실패함으로써 발생한 모든 결과와 영향들이, 둘째 아담에 의해서 완전히 회복되었습니다. 그러나 모든 사람은 영적인 출생 즉, 성령으로 새로 태어남을 통해서만 예수 그리스도의 가족의 일원이 될 수 있다는 점을 잊지 마십시오. 그리스도에 대한 믿음을 통하여 인간의 마음과 영혼 속에서 재창조가 일어나게 되는데, 바로 이것이 인간을 희망 없고 속절없는 상태에서 구원에 이르게 해주는 것입니다. "그런즉 누구든지 그리스도 안에 있으면 새로운 피조물이라 이전 것은 지나갔으니 보라 새것이 되었도다"(고후 5:17).

자신이 속해 있는 족보가 바뀌는 것은, 세상 사람들이 이해할 수 없는 그리스도인의 경험 중의 하나입니다. 모든 아담의 가족들은 예수 그리스도를 믿는 믿음을 통하여 새롭게 태어나는 경험을 갖게 되는데, 이로써 믿는 자들은 예수 그리스도의 가족이 됩니다. 새로 태어나는 거듭남의 경험은 어떤 어려운 이론도 아니며 신비적인 경험도 아닙니다. 그것은 우리의 마음과 생활 속에서 일어나는 가장 실제적인 경험입니다. 거듭남은 우리에게 마음과 품성의 변화를 가져다 주는데, 이 경험이 매우 실제적인 것처럼, 새 가족으로서의 특권도 실제적입니다. 그 특권이 너무나 크기 때문에 새로 태어난 그리스도인이 받아들이기 가장 어려운 것 중의 하나는, 새로운 가족 관계 하에서 일어나는 위치나 권위 또는 소유권의 완전한 변화입니다. 그들은 하나님의 자녀가 누릴 수 있는 모든 부유함과 유익들을 누릴 수 있게 됩니다.

이 새로운 영적 관계에는 믿기 어려울 정도의 놀라운 약속들이 있습니다. "성령이 친히 우리 영으로 더불어 우리가 하나님의 자녀인 것을 증거 하시나니 자녀이면 또한 후사 곧 하나님 후사요 그리스도와 함께한 후사니"(롬 8:16,17). 바울은 우리 앞에 놀라운 약속을 제시하였습니다. "함께 한 후사"(Joinheir)라는 말은 모든 가족의 재산에 대해서 같은 권리를 가지고 있는 사람을 뜻합니다. 우리가 어떻게 그런 무한한 부(Wealth)의 후사가 될 수 있습니까? 우리가 처해 있는 비참한 가난에서 벗어나, 이제 우리는 우주를 하나님과 함께 소유할 수 있는 특권을 가질 수 있습니다. 하나님의 소유물 속에는 은하계들과 우주의 다른 별세계들도 포함됩니다.

믿음으로 우리는 우리가 소유할 수 있는 부의 실제들을 이해할 수 있습니다. 예수님과 함께 우리 각 개인이, 아버지 하나님의 모든 영적 부유함을 함께 소유하게 됩니

다. 그분께서 가지신 것은 무엇이든지 우리도 함께 소유하게 됩니다. 바울은 성령 충만한 삶의 무한한 자원들을 다음과 같이 묘사합니다. "하나님의 모든 충만하신 것으로 너희에게 충만하게 하시기를 구하노라"(엡 3:19). 이런 말들을 과연 누가 이해할 수 있을까요? 우리를 지으시고 우리를 위하여 당신의 독생자를 죽도록 내어주신 사랑의 하나님께서는, 이제 당신의 아들이 가지신 모든 것을, 아니 당신께서 가지신 모든 것들까지 우리에게 나누어 주시기를 원하신다는 사실을…

하늘 왕이 가지고 있는 엄청난 재산과 함께, 우리는 하늘 가족의 이름을 가지게 됩니다. 또한, 가족들이 서로 닮은 성격을 가지고 있는 것처럼, 새로 거듭난 그리스도인도 하늘 아버지의 품성을 닮게 됩니다. 우리가 하늘 가족에 입적될 때, 우리는 새 아버지와 맏형님을 닮기 시작합니다. "새 사람을 입었으니 이는 자기를 창조하신 자의 형상을 좇아 지식에까지 새롭게 하심을 받는 자니라"(골 3:10). 태초에 아담은 하나님의 형상대로 지음을 받았기 때문에 "하나님의 아들"이라고 불렸습니다. 창세기에서 우리는 "하나님이 사람을 창조하실 때에 하나님의 형상대로 지으시되 ... 아담이 일백삼십 세에 자기 모양 곧 자기 형상과 같은 아들을 낳"(창 5:1-3)았다는 이야기를 읽게 됩니다.

아들이 아버지를 닮듯이, 아담은 하나님을 닮았었습니다. 그러나 죄 때문에 그 닮음을 잃어버리게 되었습니다. 그래서 아담의 아들은 하나님을 닮을 수 없었으며, 아담을 닮게 되었습니다. 그러나 참된 거듭남을 통하여, 인간은 범죄한 아담의 모습을 잃어버리게 되며, 자기를 새로 지으신 예수님을 닮기 시작합니다. 이것은 실제적인 닮음일까요? 아니면 상징적일까요? 하나님께서는, 인간이 하나님의 형상으로 회복된 것처럼 보이도록, 어떤 환각 작용을 일으키시는 것일까요? 아니면 영혼 속에서 실제적인 변화가 일어나도록 권능을 부여하시는 것일까요? 하나님의 의가 인간에게 상징적으로 주어지는 것으로 간주하는 것일까요? 아니면 실제로 인간에게 나누어지는 것일까요?

하나님의 의가 인간에게 주어지는 것으로 단지 간주할 뿐이라고 생각하는 사람들, 다시 말해서 거듭난 그리스도인일지라도 단지 의롭게 여겨질 뿐이라고 생각하는 사람들은, 진실한 그리스도인이 실제로 죄에 승리할 수 있으며, 그리스도 안에서 거룩한 생애를 살 수 있음을 믿지 않는 사람들입니다. 그러나 바울은 매우 분명히 말하고 있습니다. "한 사람의 순종하심으로 많은 사람이 의인이 되리라"(롬 5:19). 하늘 아버지의 자녀가 됨과 동시에, 그리스도인은 아버지 하나님과 맏형님 예수 그리스도를 닮게 되는데, 바로 이 새로운 영적 출생으로 인해서 참된 그리스도인은 아담으로부터 물려받은 본성을 극복할 수 있게 됩니다. 그리하여 필연적인 둘째 죽음으로부터 구원을 받게 됩니다.

그리스도께서는, 첫째 시험에서의 아담의 실패에 대한 형벌인 첫째 죽음을 취소시키지 않으셨으며, 그대로 집행하셨습니다. 그러나 그분께서는 둘째 시험에서 그분을 받아들이는 모든 사람에 대하여 둘째 죽음을 폐하셨습니다. 왜냐하면, 이것은 오직 예수 그리스도께서 인간을 대신하여 둘째 사망의 그 무서운 형벌을 당하셨기 때문에 가능하게 된 것입니다. 그는 우리를 위하여 죄가 되셨고, 그 죄가 요구하는 형벌을 자진하여 받으셨습니다. 십자가에서 그분은 아버지에게서 오는 한 가닥의 희망의 빛도 없이, 수십억의 잃어버린 영혼들이 맛보아야 할 어둠에 싸이셨습니다. 그분께서는 모든 사람을 위하여 둘째 죽음을 맛보셨던 것입니다(히 2:9).

7. 아브라함의 불 시련

예수께서 그러한 경험을 통과하시는 것이 쉬운 일이었을까요? 하나님 아버지께서 당신의 사랑하는 아들과 떨어져 계시면서, 그 아들을 마치 가장 흉악한 반역 죄인처럼 대하시는 것이 쉬운 일이었을까요? 아버지 하나님과 그 아들의 격렬한 고통을 어느 정도나마 이해할 수 있는 사람은, 이 세상에 오직 한 사람밖에 없습니다. 그 사람은 아브라함인데, 그는 자기의 외아들을 포기함으로써 십자가의 고뇌에 동참했던 첫 사람이 되었습니다.

바울은, "하나님이 이방을 믿음으로 말미암아 의로 정하실 것을 성경이 미리 알고 먼저 아브라함에게 복음을 전하"(갈 3:8)였다고 말했습니다. 예수께서도 아브라함이 속죄에 대한 특별한 계시를 받았음을 인정하셨습니다. 말씀하시기를, "너희 조상 아브라함은 나의 때 볼 것을 즐거워하다가 보고 기뻐하였느니라"(요 8:56).

어떻게 구약의 선조 아브라함이, 메시아의 사역에 관한 예언적 통찰을 할 수 있었는지 이해하기 위해서, 우리는 모리아산에서 가졌던 그의 경험으로 거슬러 올라가야 합니다. 아브라함은, 하나님께서 그의 아내 사라의 말라붙은 태를 통하여 그에게 아들을 주실 수 있음을 믿지 못하였기 때문에, 죽음과 삶에 대한 또 다른 시험을 받아야 했습니다. 그리하여 하나님께서는 그에게 아들 이삭을 제단 위에 바치라고 말씀하셨습니다. 모리아산까지의 외롭고 쓸쓸한 그의 여행에 대한 기록은 성경에서 가장 감동적인 이야기 중의 하나입니다. 아브라함은 그 명령의 확실성에 대해서 의심하지 않았습니다. 그는 하나님의 친구였으며, 그분의 음성을 깨닫는데 익숙해져 있었습니다. 아브라함은 하나님께서 내리신 명령의 이유를 이해할 수 없었습니다.

그는 이삭을 통하여 메시아가 오실 것이라는 약속을 이미 여러 번 반복해서 들었었습니다. 이제, 세상이 자신의 아들 이삭을 통하여 복을 얻고 구원을 받을 터인데, 그 아들의 생명을 취하라는 명령이 그에게 떨어진 것입니다. 만일 이삭이 제단 위에서 불에 태워진다면, 약속된 구세주가 어떻게 오실 수 있을까?

두 부자가 모리아산 허리에 도착했을 즈음에, 아브라함은 믿음을 가지고 하나님의 부활 능력을 단호히 주장하였습니다. 그는 종들에게 말하기를, "나와 아이가 저기 가서 경배하고 너희에게로 돌아오리라"(창 22:5 영문). 아브라함의 이 말 속에는 약속의 성취를 믿지 못하는 어떤 연약한 흔들림 같은 것도 없었습니다. 죽은 자가 부활했던 사건이 그때까지 한 번도 없었지만, 아브라함은 하나님께서 이삭의 자손에 대한 당신의 약속을 성취할 것을 믿었습니다.

아브라함이 그의 순복하는 아들을 향해 칼을 쳐들었을 때, 그는 어떤 사람도 당해보지 못한 격렬한 시련을 당한 것이었습니다. 그것은 실제로 그 아들의 생명을 취하려는 행동이었습니다. 그 칼을 한번 내려침으로써, 그는 자신과 세상에 태어난 모든 사람의 유일한 희망을 멸하고자 하였습니다. 그 순간에 아브라함은 세상의 운명을 자기의 손에 쥐고 있었던 것입니다. 그것은 부성애(Fatherly Affection)의 시험 그 이상이었습니다. 아브라함이 이삭을 죽이는 것은, 세상의 구세주가 태어날 통로를 없애는 것이었습니다. 그것은 곧 아버지인 자신을 죽이는 것보다 더 큰 고통을 수반하였습니다. 이삭을 통하지 않고서는 메시아가 탄생할 수 없다는 하나님의 분명한 말씀이 계속해서 그의 귀를 울렸습니다. 이제 아브라함의 시험이 어느 정도 격렬한 것이었는지 조금이나마 이해되십니까? 요한복음 8장 56절에서, 예수께서 아브라함이 당신의 날을 보았다고 말씀하신 것은 조금도 이상한 말씀이 아닙니다.

비록 마지막 순간에 여호와의 천사에 의해서 아브라함의 팔이 멈춰지고, 하나님께서 미리 마련해두신 다른 희생 제물이 이삭을 대신해서 죽었지만, 아브라함은 그날 정말 자신의 아들을 포기한 것이었습니다. 그는 외아들의 죽음에서 오는 모든 괴로움과 가슴이 찢어지는 듯한 고통, 두려움 등을 경험하였습니다. 자신의 아들의 생명을 구할 수 있는 능력이 그에게 있었다고 할지라도, 그는 그것을 사용하지 않았을 것입니다. 아브라함이 자신의 아들인 이삭을 제물로 바치는 일을 거절하지 않는 것이 충분히 입증된 후에서야 하나님께서 개입하셨습니다. 아브라함의 믿음과 아버지의 뜻에 순복한 이삭의 믿음으로 인하여 하나님을 찬양하십시다. 이 감동적인 이야기가 우리에게 주는 의미가 무엇인지를 이해하지 못하는 사람은 없을 것입니다.

그 이야기는 모든 그리스도인에게 속죄의 사랑과 희생을 조금이나마 이해시켜줍니다. 이제 우리는 십자가 위에서 아버지 하나님과 아드님이 어떠한 고통을 당하셨는지 희미하게 이해할 수 있습니다. 하나님의 공의는 인류의 죄에 대한 대가인 죽음을 요구하였으며, 하나님의 사랑은 당신의 아들을 영원한 죽음의 위험 가운데로 내어주는 희생을 만들어냈습니다.

8. 어떻게 십자가가 용서를 제공해 주는가?

이제 우리는, 하나님의 사랑과 희생을 좀 더 자세하게 설명해 주는 하늘 드라마의 또 다른 면을 살펴보기로 하십시다. 어떻게 한 사람, 둘째 아담의 죽음이 죄지은 모든 사람에게 용서를 제공해 줍니까? 성경은, "피 흘림이 없은 즉 사함이 없"(히 9:22)다고 말합니다. 여기서 사함은 물론 용서를 말합니다. 문제는, 어떻게 그리스도의 죽음이, 죄의 용서를 가능하게 만들었는가 하는 것입니다. 이 질문은 지금까지 우리가 배운 모든 것들의 핵심입니다. 죄인을 용서하는 권위를 얻기 위하여, 예수님께서는 둘째 죽음을 경험하셔야만 했습니다.

용서는 자기 스스로 할 수 없습니다. 또한, 다른 사람을 용서해 주는 사람은 반드시 그가 용서해 줄 사람을 대신해야만 하며, 그가 저지른 잘못의 결과를 기꺼이 담당해야 합니다. 예를 들면, 제가 누군가의 빚을 탕감(용서)해 준다면, 저는 그만큼의 돈의 손실을 당할 준비가 되어 있어야 합니다. 저의 친구가 주먹으로 저를 한 대 쳤을 경우, 제가 그 친구를 용서하려면 그에게 치료비를 요구하지 않고 기꺼이 그 고통을 감당해야 할 것입니다.

공의는 모든 범죄자에게 자신이 저지른 것에 비례하여 보상하라고 요구합니다. 즉, 눈은 눈으로, 이는 이로, 주먹으로 한 대 친 사람은 그도 똑같이 한 대 맞아야 합니다. 그러나 용서는 범죄자가 받아 마땅한 형벌로부터 그를 구해줍니다. 그러나 용서하는 자는 범죄자가 형벌을 받지 않고 무사히 돌아갈 수 있게 하려면, 자신이 그 결과 즉, 죄의 대가를 받아들여야 합니다. 그러므로 어떤 사람을 용서하기 위해서는, 반드시 죄 없는 사람이 죄를 범한 자를 대신하는 일이 있어야 합니다.

예를 하나만 더 들겠습니다. 어떤 아버지가 자신의 아들을 죽인 살인자를 용서해 주기를 원한다고 가정해 봅시다. 살인자가 범법자로 형벌을 받지 않게 하기 위해서는, 사실상 법이 살인자에게 요구하고 있는 형벌인 사형을 자신이 떠맡아야 합니다. 자신의 아들에게 저지른 범행에 대한 형벌을 자기 자신에게 받아들임으로써, 그는 자신의 죽음을 허락하여야 하며, 법적으로 살인자에게 가해져야 할 형벌을 그를 대신해서 충족시켜야 합니다. 이 예증은 우리로 하여금 대속의 뜻이 무엇인지 잘 이해할 수 있도록 해줍니다. 지금 우리는 깨어진 관계의 재조정을 다루고 있는데, 이것이 바로 대속입니다. 항상 양편이 관련됩니다. 잘못을 당한 쪽과 잘못을 범한 쪽, 잘못을 당한 쪽은 하나님이시고, 인간은 죄를 저지른 쪽입니다.

공의는 죄의 합당한 배상을 요구합니다. 방법은 두 가지밖에 없습니다. 법과 공의에 의해서 이미 규정된 형벌을 집행하든지, 아니면 피해자 쪽이 자비로운 용서를 베풀어야 합니다. 만약, 용서가 베풀어진다면, 용서하는 자는 상대방이 저지른 죄의 결과를 받아들여야 하기 때문에, 상대방을 대신하여 법이 정하고 있는 대가를 치러야 할 것입니다. 법이 정하고 있는 죄에 대한 형벌은 죽음입니다. 그러므로 법이 죄인에게 요구하는 형벌인 둘째 사망의 고통을 그리스도께서 기꺼이 당신의 몸으로 당하셔야만 했던 것입니다.

죄에 대한 형벌은 첫째 죽음이 아니라 둘째 죽음입니다. 이것이 바로, 십자가상에서 그리스도께서 받으셨던 깊은 고뇌를, 죽음을 당하는 다른 사람들의 고통과 비교할 수 없는 이유입니다. 로마시대에 수많은 범죄자가 그리스도께서 십자가에 못 박히신 것과 꼭 같은 방법으로 처형되었습니다. 그러나 그들은 단지 첫째 죽음의 신체적 고통만 당한 것입니다. 예수님께서는 가장 악한 죄인이 유황불 못으로 던져지는 고뇌와 두려움을 느끼는 무서운 정죄를 경험하셨습니다. 그분의 예민한 본성은 더러운 강간, 살인, 흉악한 죄들을 대신 지심으로써, 심한 충격과 상처와 수치를 받았습니다. 그분께서는 죄에 대한 형벌이 멸망 받을 자에게 내려지는 것과 똑같은 방법으로 대가를 치르시기 위해서, 즉 율법의 두려운 진노가 당신 자신 위에 떨어지게 하려고 죄 자체가 되셨습니다.

이와 다른 방법으로는, 우리 구세주의 생명이 끊어지는 시간에 그를 에워싼 영적 고뇌의 신비를 설명할 길이 없습니다. 겟세마네 동산에서부터, 예수께서는 인류가 쌓아 놓은 죄를 당신의 찢어진 가슴으로 지셨습니다. 하늘 아버지께로부터 오는 한 줄기의 빛도 십자가 위에 있는 예수 그리스도께 닿을 수 없었습니다. 하늘 아버지와의 완전히 분리된 상태에서, 여러분과 저의 죄를 지시면서 고뇌하시는 하나님 아들의 모습을 생각해 보십시오. 죄인들을 위한 용서를 제공해 주시기 위해서, 죄인들의 죄과를 대신 취하시는 주님의 정신적인 고뇌와 더 이상의 아무런 소망도 없이 영원한 둘째 사망을 당하는 죄인들이 느끼는 고뇌 사이에는 아무런 차이도 없어야 했습니다.

아무도 아버지 하나님께서는 당신의 아들과 똑같은 고통을 당하지 않으셨다고 말하지 마십시오. 사악한 인간들이 당신의 아들을 십자가에 매달아서 죽이기까지 하나님께서 참으신 것은, 그분께서 아들 예수님을 사랑하신 것과 똑같이 우리 죄인들도 사랑하신다는 결정적인 증거가 아닐 수 없습니다. 하나님께서 하셔야 했던 선택은 아주 단순했습니다. 우리를 법의 정죄 아래에 내주시고 당신의 아들을 살리시든지, 아니면 당신의 아들을 법의 정죄 아래로 내어주시고 우리를 살리시든지 둘 중의 하나였습니다. 그분께서는 그 밖의 다른 선택의 여지가 없었습니다. 율법이 범하여졌습니다. 하나님의 품성을 반사하는 거룩하고 완전한 율법은 변경되거나 파기될 수 없습니다. 반드시 죄에 대한 형벌이 치러져야 합니다. 그러나 하나님 아버지께서는 당신의 율법을 깨뜨린 자들을 사랑하셨습니다. 또한, 그분께서는 당신의 아들도 사랑하셨습니다.

십자가 주변의 장면을 다시 한 번 바라보십시다. 하나님께서는 악한 자들이 예수님의 얼굴을 손바닥으로 때리고 주먹으로 치는 것을 내려다보셨습니다. 주님의 옷자락 끝을 만질 가치도 없는 자들이 그분을 죽였습니다. 하나님께서는 그 사람들을 쳐서 순식간에 없애버릴 수 있는 능력이 있으셨습니다. 하나님은 그들의 잔인한 학대와 매질에서 당신의 아들을 구하실 수 있었습니다. 그러나 만일 그분께서 개입하셨더라면, 단 한 인간도 영원한 생명을 가질 수 없게 되었을 것입니다. 아담, 아브라함, 요셉, 다니엘, 그 외 아담의 모든 후손은 아무런 소망 없이 영원히 멸망하게 될 것이었습니다. 그들의 부활은 전적으로 당신의 사랑하는 아들의 죽음과 부활에 달렸었습니다. 하나님은 전지하시기 때문에, 아직 태어나지 않은 자들을 포함하여 모든 개인의 얼굴과 이름을 기억하고 계셨던 것이 틀림없습니다.

그 순간 하나님께서는 여러분과 저를 생각하셨을 것입니다. 그분은 우리 모두의 비참한 실패들을 보시면서도, 여전히 우리가 영원히 당신과 함께 있기를 원하셨습니다. 그분께서는, 그렇게 엄청난 대가를 치르고 제공된 용서와 구원이 있음에도 대다수의 사람이 영원한 생명을 받아들이지 않을 것도 아셨습니다. 그러나 하나님께서는 아주 적은 소수가 당신을 사랑하며, 당신의 아들의 대속적 죽음을 감사함과 기쁨으로 받아들일 것을 아셨습니다. 그리하여 하나님께서는 당신 아들의 고통으로부터 돌아설 수

밖에 없으셨으며, 당신의 아들이 짓지도 않은 죄의 짐 아래 눌려서 두 번째 사망의 고통 가운데서 죽는 것을 허락하셨습니다. 태양마저 그 무서운 장면으로부터 자신의 얼굴을 가려서 칠흑 같은 어둠이 십자가를 에워쌌고, 땅도 저항하여 떨었지만, 예수님께서는 "다 이루었다."고 크게 외치시며 당신의 생명을 내어 주셨습니다.(요 19:30)

9. 값이 너무 큰 것인가?

이렇게 해서 드디어, 용서와 구원을 위한 값은 지불되었습니다. 너무 비싸다고 생각지 않으십니까? 그러나 수없이 많은 사람을 위해서 드려진, 값으로 헤아릴 수 없는 희생이 공허한 투자가 되었으며, 무의미한 희생이 되었습니다. 대다수 사람이 그 모든 희생을 무관심하고 가볍게 여기면서 그것을 거절해 버리고 있습니다. 여러분은 어떻습니까? 이제, 그 대가가 어떤 것인지를 조금 이해할 수 있나요? 여러분의 구원을 위해서, 그분께서 투자하신 대가에 대해서 조금이나마 감사할 마음이 생기십니까?

지금까지 우리는, 죄에 대한 대속의 전체적인 범위에 초점을 맞추어 왔습니다. 그 대속이 지금까지 지구상에 존재했던 모든 남녀에게 어떻게 제공되었는지를 살펴보았습니다. 예수님을 십자가에서 죽도록 강권한 것은 우리에 대한 그분의 사랑이었습니다. 그 사랑의 크기와 깊이는, 단 한 명의 영혼을 위해서도, 그분으로 하여금 같은 희생을 치르도록 이끌었을 것입니다. 저는 하나님께서 "세상을 이처럼 사랑하"실 뿐 아니라, 저를 또한 개인적으로 사랑하셔서 당신의 아들을 주셨다는 사실을 매일 저 자신에게 상기시킵니다. 구원의 계획에서, 놀라운 특성은 그분의 죽으심이 모든 개인에게 적용된다는 사실에 있습니다.

사람들에 대한 그리스도의 사랑은, 성경의 여러 곳에 묘사되어 있습니다. 우리는, 예수님께서 어떤 사람들과 나눈 대화를 통해서 그분의 사랑을 들을 수 있습니다. 그분께서는 개인들을 위해서 자신의 시간을 소비하셨으며, 자신의 노력을 바치셨습니다. 우리는 예수님께서 거라사의 광인들을 구하시고자 바다를 건너가신 위험한 항해에서 그분의 사랑을 볼 수 있습니다. 폭풍이 거세었던 갈릴리 호수를 건너갔다 오시는 데에 꼬박 이틀이 걸렸습니다. 그분은 귀중한 시간을 각 개인을 위해 소비하셨습니다. 그 고된 여행 중에 단지 한 사람만이 직접 주님과 만나서 이야기할 수 있었습니다. 그러나 그 사람이 후에 온 마을 사람들을 구세주께 향하게 하였습니다.

주님께서 니고데모와 만나시고, 문둥병자, 기생, 천대받는 세리와 이야기하시는 모습을 보면서 그분의 개인적인 관심과 사랑을 알 수 있게 됩니다. 예수님께서는 지위의 높고 낮음과 재산의 많고 적음을 막론하고 사람들과 시간을 보내셨습니다.

예수님께서는 모든 개인을 영생을 위한 지원자로 보십니다. 예수님께서 시몬, 삭개오, 막달라 마리아 등과 접촉하셨던 것을 달리 어떻게 설명할 수 있겠습니까? 그분께서는 모든 영혼 속에서, 영원한 시대를 통하여 당신의 품성을 반사하게 될 놀라운 가능성을 보셨습니다. 그분께서는 자신이 성육신 하여야만 각 개인과 만날 수 있으며, 이야기할 수 있고, 만져볼 수 있었습니다. 각 영혼은 그분께서 오셔서 구원하셔야 할 사람들이었습니다. 주님께서 십자가에 달리셨을 때, 그분으로 하여금 고통의 잔을 마시게 하였던 것은, 그분의 마음을 차지하고 있었던 각 개인의 얼굴들이었습니다.

성경에서 대속에 관해서 말하고 있는 가장 놀라운 언급은 "믿음의 주요 또 온전케 하시는 이인 예수를 바라보자 저는 그 앞에 있는 즐거움을 위하여 십자가를 참으사 부끄러움을 개의치 아니하시더니 하나님 보좌 우편에 앉으셨느니라."(히 12:2)입니다.

어떻게 십자가의 그 무서운 경험 속에서 기쁨을 생각하실 수 있으셨을까? 그분으로 하여금 십자가의 부끄러움과 굴욕을 무릅쓰게 한 어떤 즐거운 동기가 있었음을, 우리는 알 수 있습니다. "그 앞에 있는 즐거움"이란 무엇일까요? 바로 여기에, 그분께서 자기를 버리실 수 있었던 어떤 비밀이 들어 있지 않을까요? 그분께서는, 우리를 당신의 영원한 왕국으로 맞아들이고자 하는 벅찬 기대를 하고 있었기 때문에, 그 일을 해내셨던 것입니다. 그분으로 하여금 견디어 낼 수 없는 고통을 견디어 내시게 하였던 것은, 우리를 향하신 사랑과 영원히 우리와 함께 계시기를 원하는 욕망이었습니다. 그분께서는 십자가의 잔인 무도함을 참으시기 위해서, 여러분과 저를 생각하셨던 것입니다.

제2부 세상에서 가장 위대한 사랑 이야기

1. 서론

한 영혼이 그렇게 무한한 가치가 있습니까? 영원한 내세를 생각해 본다면, 그렇습니다. 구원받은 한 영혼이 지구에 존재했던 모든 인구의 전체 수보다도 훨씬 더 오래 살게 될 것이라는 놀라운 사실을 생각해 보십시오. 사실, 구원받은 한 사람이 살게 될 영원한 생애는 이 지구상에 존재했던 총 인구수와 각 사람의 나이를 곱한 숫자의 수백만 배보다 훨씬 더 길 것입니다. 이런 의미에서 볼 때, 구원받은 한 영혼은 멸망한 모든 사람의 생명보다 더 긴 생명을 가진 것입니다. 예수께서는 평범한 남녀 또는 아이들의 얼굴을 들여다보실 때마다, 이 사실을 인식하셨을 것입니다. 심지어 가장 타락한 사람에게서도, 그분께서는 영원한 세월을 두고 당신의 사랑을 기념할 한 생명을 보셨습니다.

갈보리에서 치러진 엄청난 실제적 대가를 생각한다면, 누가 감히 세상을 향한 그분의 사명을 가볍게 평가하겠습니까? 어쩌면 지금 이 글을 읽고 있는 여러분이 우리 구세주의 사랑과 은혜에 대하여 영원토록 증거할 사람인지도 모릅니다. 그렇게 작은 것을 얻기 위하여 그렇게 많은 값이 치러진 적은 일찍이 세상에 없었을 것입니다. 믿음으로 단순히 한 걸음 내디딤으로써, 우리는 첫 아담의 죽을 수밖에 없는 생명을 버리고, 둘째 아담의 측량할 수 없는 부유함을 얻을 수 있습니다. 우리 자신을 주님께 굴복시키고 그분의 공의를 받아들이는 순간, 우리는 그분께서만 누릴 수 있는 영원한 생명을 우리도 함께 누리기 시작할 수 있는데, 이는 우리가 받아 마땅한 죄과(Guilt)와 정죄와 죽음을 그분께서 기꺼이 당하셨기 때문입니다.

이 얼마나 놀라운 변화입니까? 이것은 영원한 세월을 두고 우리 연구의 주제가 될 것입니다. 세월이 흐를수록 우리는 그분의 대속적 사랑과 희생의 성격을 점점 더 깊이, 점점 더 새롭게 인식하게 될 것입니다. "우리가 이같이 큰 구원을 등한히 여기면 어찌 피하리요"(히 2:3). 히브리서의 이 질문에는 답이 없습니다. 피할 수 없기 때문입니다.

그렇게도 엄청난 대가를 지불하고 제공된 구원을 지금 당장 받아들이십시오. 더는 그것을 소홀히 여길 수 없습니다.

어느 날, 유명한 전도자인 무디 선생이 시카고에서 설교하고 있었는데, 약간 술기운이 있어 보이는 사람이 교회 안에서 흘러나오는 불빛을 보면서 교회 계단을 오르고 있었습니다. 교회 문을 연 후에, 그는 아무것도 보지 않고 오직 설교단 뒤에 붙어 있는 표어를 보았습니다. "하나님은 사랑이시다." 그는 문을 다시 거칠게 닫은 후, 계단을 내려가면서 다음과 같이 중얼거렸습니다. "하나님이 사랑이라고? 하나님은 사랑이 아냐. 만일 그가 사랑이라면, 나를 사랑했을 거야. 그러나 그는 나를 미워하고 있어."

그는 휘청거리는 발걸음을 옮기면서 여전히 중얼거렸습니다. 그러나 교회에서 보았던 그 말씀이 술기운으로 마비되어 가고 있는 머릿속에 계속해서 떠올랐습니다. 어떤 힘이 그를 다시 교회로 이끄는 것 같았습니다. 결국, 그는 그 교회의 교인들과 함께 자리에 앉게 되었는데, 그때까지 무디는 설교를 계속해서 하고 있었습니다. 설교가 끝난 후, 무디는 교인들과 악수를 하기 위해서 입구로 가서 사람들과 인사를 나누었습니다. 모든 교인이 교회를 떠났지만, 그 사람은 떠나지 않고 자리에 앉은 채 울고 있었습니다. 무디는 그의 곁에 앉아서 어깨에 팔을 두른 후, "내가 당신을 위하여 무슨 일을 도와드릴 수 있을까요? 오늘 나의 설교 중에서 어떤 대목이 당신의 마음을 감동시켰습니까?"라고 물어 보았습니다.

그는, "오, 무디 선생, 나는 오늘 저녁에 당신이 했던 설교를 한마디도 듣지 못했습니다. 나는 그저 당신의 머리 위로 보이던 '하나님은 사랑이시다'는 글을 읽었을 뿐입니다"라고 대답하였습니다. 무디는 그의 곁에 앉아서 한동안 그와 이야기를 나누었습니다. 얼마 후, 그는 무디가 믿는 하나님을 자신의 마음에 받아들이게 되었습니다.

형제자매들이시여, "하나님은 사랑"이십니다. 그분의 모든 행동과 방법이 사랑을 증거하고 있습니다. 그는 사랑으로 사람을 창조하셨고, 사랑으로 사람에게 "영화와 존귀로 관을 씌우셨"습니다(시 8:5). 사랑으로, 그는 자신의 형상을 따라서 사람을 만드셨습니다(창 1:27). 예수님께서 말씀하시기를 "하나님이 세상을 이처럼 사랑하사 독생자를 주셨으니 이는 저를 믿는 자마다 멸망치 않고 영생을 얻게 하려 하심이니라"(요 3:16). 그렇습니다. 하나님은 사랑이십니다. 그분께서 우리를 사랑하고 계십니다!

하늘 아버지를 안다는 것은 많은 것을 의미합니다. "영생은 곧 유일하신 참 하나님과 그의 보내신 자 예수 그리스도를 아는 것이니이다"(요 17:3). 아버지와 그의 아들 예수님을 아는 것은 정말 영생을 의미합니다. 그분에 대하여 지금보다 좀 더 잘 알기 위하여, 함께 공부해봅시다. 그분을 앎으로써 그분을 더욱더 사랑할 수 있도록.

2. 외로우신 하나님

하나님께서는 자신이 최고로 관심이 있는 대상이 언제나 함께 있기를 원하십니다. 만일 내가, 하나님께서는 한때 자신이 사람과 나누었던 교제를 그리워하면서, 외로워한다고 말한다면, 여러분을 내가 사람의 감정을 신에게까지 적용하고 있다고 생각하겠습니까? 창세기 3장은, 인간이 죄에 빠지는 비극에 대하여 이야기하고 있습니다. 뿐만 아니라 "날이 서늘할 때에 동산에 거니시는 여호와 하나님", 해가 질 무렵에 사람을 찾아오시는 하나님, 아담과 하와의 얼굴을 마주 대하기를 즐거워하셨던 하나님의 습관에 대해서 말하고 있습니다.

하나님께서는 대개 해가 질 무렵에 아담과 하와를 방문하셨을 것입니다. "아담아, 네가 어디 있느냐?"라고 부르셨는데, 그날은 아무런 대답도 없었습니다. 아담과 하와는 반가워서 뛰어나오는 대신에 나무 사이에 숨어 있었습니다. 한참 후에 두 사람은 무화과 나뭇잎으로 몸을 가린 채, 슬그머니 나왔습니다. 아담이 말하기를 "내가 주의 음성을 들었으나 두려웠나이다."

사람의 언어 중에서 최초로 이상한 말이 등장했습니다. "두려웠나이다." 하나님의 걸작품인 우아하고 고상한 창조물이 두렵다고 말하는 모습을 상상해 보십시오. 바로 이것이 죄가 낳은 결과입니다. 죄는 사람으로 하여금 자신의 가장 친한 친구라도 두려워하게 합니다. 가장 용감한 사람을 가장 겁쟁이로 만들며, 부끄러움으로 머리를 숙이게 합니다. 이제 최초의 부부가 보는 앞에서, 하나님께서는 그들의 죄를 제거하기 위한 가장 놀라운 계획을 펼쳐 놓으십니다. 아담과 하와는 에덴동산 밖으로 나가야 합니다. 그러나 추운 바깥세상으로 나갈 때, 그들은 자신들의 몸을 보호할 수 있는 따뜻한 옷을 입어야 합니다. 그래서 성경은 말하기를 "여호와 하나님이 아담과 그 아내를 위하여 가죽옷을 지어 입히시니라"(창 3:21).

오, 그 옷은 분명히 가장 아름다운 옷이었음이 틀림없습니다! 왜냐하면, 그 옷에는 창조주의 솜씨와 사랑이 담겨 있으며, 그들에 대한 깊은 동정이 깃들어 있기 때문입니다. 그러나 그 가죽옷을 만들기 위하여, 한 생명이 죽어야만 하였습니다. 적어도 한 마리의 동물이 아담과 하와를 위하여 죽어야 했습니다. 죄의 대가에 대한 말 없는 교훈이 그들에게 주어졌습니다. 나는 마치 다음과 같은 하나님의 음성을 듣는 듯합니다. "얘들아, 만일 너희가 또다시 불순종하면 이번에는 너희의 손으로 흠 없는 양을 잡아서 죽여야 한단다. 양이 흘리는 피는 언젠가 너희를 위하여 흘려지게 될 내 아들의 피를 상징한단다. 흠 없는 양은 너희에게 영원한 생명을 주기 위하여 이 땅에 내려와 죽는 한 생명을 의미한단다." 오, 이 얼마나 놀라운 사랑입니까!

3. 하나님이 갖고 계신 인간의 모습

어떤 마을에 한 목사님이 살았었습니다. 그에게는 중학교에 다니는 14살 된 아들이 있었습니다. 어느 날 오후, 아들이 다니는 학교의 선생님께서 방문하여 목사님에게 다음과 같은 질문을 하였습니다.

"댁의 아드님이 아픈가요?"
"아니요. 왜요?"
"오늘 학교에 오지 않았습니다."
"그랬어요?"
"오늘뿐만 아니라 어제도 오지 않았습니다."
"설마 그럴 리가..."
"그 전날에도 오지 않았답니다."
"믿을 수가 없군요."
"저는 그 아이가 매우 아픈 것으로 생각했습니다."
"아니요, 그 아이는 아프지 않았답니다."
"아, 제가 좀 더 빨리 부모님을 찾아왔어야 했는데..."

아버지는 매우 힘없는 목소리로 "이렇게 찾아주셔서 감사합니다."라고 말했고, 선생님은 곧 집을 떠났습니다.

아버지는 소파에 앉아서 깊은 생각에 잠겼습니다. 조금 있다가 문에서 삐걱거리는 소리가 들리자, 아버지는 아들이 돌아온 것을 알았습니다. 아버지는 빨리 나가서 문을 열어 주었습니다. 아들이 아버지의 얼굴을 보았을 때, 그는 지난 사흘 동안의 일이 드러났다는 사실을 알게 되었습니다. 아버지는 아들에게 "경섭아, 잠깐 서재로 따라오너라"라고 말했습니다. 아들은 서재로 따라 들어갔고, 문은 굳게 닫혔습니다. 아버지가 먼저 말하기 시작하였습니다.

"경섭아, 학교 선생님께서 오늘 오후에 다녀가셨다. 네가 오늘 학교에 오지 않았다고 알려 주셨다. 오늘뿐만 아니라 어제도 그저께도. 선생님은 네가 아파서 집에 있는 줄 알았고, 나는 네가 학교에 간 줄로 알았다. 내 마음이 얼마나 상했는지 너는 아니? 나는 너를 신뢰했단다. 나는 나의 친구들과 이웃들에게 항상 '나는 내 아들을 믿습니다'라고 말했단다. 그러나 너는 지난 사흘 동안 나를 속였지. 내가 얼마나 너를 믿었는데, 네가 나에게 이럴 수가 있느냐... 나의 이 아픈 마음을 어떻게 너에게 설명할 수 있겠니?"

경섭이에게 있어서, 아버지께서 이토록 조용하게 말씀하시는 것은 그를 너무나 힘들게 만들었습니다. 만일 아버지가 그에게 거칠게 말했거나, 회초리를 들고서 이야기하였다면, 그는 그렇게 힘들지 않았을 것입니다. 한동안 조용한 정적이 흘러갔습니다. 이윽고 아버지가 말했습니다. "경섭아, 우리 무릎을 꿇고 함께 기도하자."

경섭이는 점점 더 어려움을 느끼게 되었습니다. 경섭이는 지금 기도할 마음이 생기지 않았습니다. 그러나 무릎을 꿇고 기도를 하기 시작했습니다. 아버지는 자신의 쓰라린 마음을 그대로 하나님께 토로하였습니다. 아들은 자신이 아버지의 마음에 어떤 고통을 주었는지를 조금씩 깨닫게 되었습니다. 아들은 기도하기 위하여 꿇고 있는 아버지의 무릎에서 자신의 죄를 볼 수 있었습니다. 아버지의 무릎이 자신을 보여주는 거울이 되다니, 참 이상한 일이었습니다.

기도를 마치고 일어섰습니다. 아버지의 눈은 촉촉이 젖어 있었습니다. 경섭이의 눈에도 약간의 눈물기가 남아 있었습니다. 아버지께서 말씀하셨습니다.

"아들아, 죄가 있는 곳에, 고통이 있다는 것이 온 우주의 법칙이란다. 아무도 그 둘을 분리할 수 없단다. 고통이 존재한다는 것은 그곳에 죄가 있다는 사실을 증명하는 것이란다. 아무도 죄와 고통을 분리할 수 없단다. 너는 죄를 범했지. 하늘 아버지가 우주의 지배자이신 것처럼, 아버지인 나도 우리 가정의 제사장이란다. 자, 이제 우리 이렇게 하도록 하자. 너는 지금 다락방에 올라가거라. 내가 너를 위하여 그곳에 침대를 마련해 줄 것이다. 나와 어머니는 식사시간에 맞추어서 음식을 공급해 줄 테니 네가 나에게 거짓말을 했던 기간만큼, 너는 거기서 있어야 한다. 3일 낮과 밤을."

경섭이는 한마디의 말도 하지 못했습니다. 그들은 다락으로 올라가서 침대를 만들었고, 아버지는 아들을 말없이 포옹하였습니다. 아버지는 아들을 그곳에 남겨두고 내려왔지만, 그의 마음은 여전히 그곳에 함께 있었습니다. 저녁 시간이 되어서, 아버지와 어머니는 식사를 시작했지만, 아들에 대한 생각 때문에 먹을 수가 없었습니다. 음식을 씹고 또 씹었지만, 입이 마르고 맛을 느낄 수 없어서 식사를 중단할 수밖에 없었습니다.

그들은 거실로 나가 앉았습니다. 아버지는 신문을 집어 들어서 읽기 시작하였고, 어머니는 전등 밑에 앉아서 뜨개질을 하였습니다. 시계가 9시를 알리는 종을 울렸습니다. 그리고 얼마 있다가 10시를 다시 울렸습니다. 이제 침실로 가야 할 시간이 되었습니다. 어머니가 말하기를 "여보 주무시지 그러세요." 그러나 아버지는 "조금 더 있다가 잘 테니, 당신이 먼저 자구려" 어머니도 조금 있다가 함께 자겠다고 말하였습니다.

시계가 이미 11시를 알렸고, 12시를 향하여 움직이고 있었습니다. 마침내 둘은 침실로 걸어 들어갔습니다. 그러나 잠을 이룰 수 없었습니다. 서로가 잠을 자는 척했지만, 서로가 잠을 자지 않는다는 것을 알고 있었습니다. 이윽고 어머니가 말하였습니다. "여보, 왜 잠을 못 주무세요." 아버지가 대답하였습니다. "당신 내가 자지 않는 것을 어떻게 알았소? 당신도 자지 않았구먼."

"지금 경섭이가 다락방에 있는데, 내가 어떻게 자겠어요." "나도 그래서 잠을 잘 수가 없소."라고 아버지가 대답하였습니다. 시계가 열두 시를 알렸고, 다시 한 시, 두 시, 세 시를 알렸지만, 아직도 잠을 이룰 수가 없었습니다.

마침내 아버지가 말하였습니다. "여보, 나는 더는 참을 수가 없소. 다락방에 있는 경섭이에게 올라가야겠소." 아버지는 베개를 들고 살짝 방을 나와서 다락방으로 올라갔습니다. 그리고 아들의 잠을 깨우지 않기 위하여, 문고리를 살짝 벗기고 문을 밀었습니다. 다락방의 마루를 가로질러 창문으로 가서 누워있는 아들을 내려다보았습니다. 아들은 인기척에 놀라서 눈을 크게 뜬 채 올려다보았습니다. 아버지는 침대 속으로 들어갔고, 그 둘은 서로의 목 밑으로 팔을 둘렀습니다. 왜냐하면, 그들은 언제나 제일 친한 친구였기 때문입니다. 아버지와 아들, 그들은 정말 친구였습니다. 그들의 눈에서 흐르는 눈물이 서로의 뺨을 적셨습니다. 얼마 후, 그들은 깊고 편한 잠을 자게 되었습니다.

다음 날에도, 아버지는 "여보, 나는 오늘 밤에도 경섭이에게 올라가야 하겠소." 두 번째 밤에도 그들은 다락에서 함께 잠을 잤습니다. 세 번째 밤이 되자, 아버지는 다시 "사랑하는 여보, 오늘 밤에도 나는 아들에게 올라가야 할 것 같아." 아버지는 자신이 아들에게 징벌을 주는 장소에서 함께 밤을 보냈습니다.

그 아들이 성장하였을 때, 중국에 들어가 선교사로 봉사했던 사실은 그다지 놀랄만한 일이 아닙니다. 그 아버지는 하나님이 가지고 계신 인간의 모습을 아들에게 보여 주었습니다. 하나님께서는 죄를 없었던 것처럼 치워버릴 수 없습니다. 왜냐하면, 죄가 존재하고 있기 때문입니다. 하나님께서는 고통을 없애버릴 수 없었습니다. 왜냐하면, 고통은 이 세상이 지금 잘못되어가고 있다는 사실을 증명하는 것이기 때문입니다. 그래서 하나님의 아들이 사람이 되셔서 이 땅에 오셨던 것입니다. 죽음의 감옥인 지상에서 인간과 함께 말하고 손을 잡고 누우셨던 것입니다. 바로 이러한 분이 하나님이십니다. 지금도 그분께서는 여러분과 내 곁에 머무시면서, 우리로 하여금 죄를 미워하게 하고 순결함을 갈망하도록 도와주시고 계십니다. 그분의 사랑을 이해하는 사람마다 죄를 증오하는 그분의 마음을 이해할 것입니다.

갈보리의 십자가에서 흘리신 피가 우리를 향한 그분의 사랑을 외치고 있습니다. 그 같은 사랑을 우리가 어떻게 저항할 수 있을까요? 우리의 마음 가운데서 이러한 반응이 일어나지 않습니까? "아버지, 우리도 당신을 사랑합니다. 당신께서 원하시는 것이라면, 무엇이든지 기꺼이 따르겠습니다. 당신께 대한 우리의 사랑을 보여 드리고 싶습니다. 우리의 생애와 봉사와 우리가 가지고 있는 모든 것을 당신께 드리고 싶습니다."라는 소원이 우리 모두의 마음속에서 울려 나오지 않습니까? 아직 그분의 사랑의 메시지를 찾지 못하였습니까? 여러분의 눈과 귀를 열고, 마음의 문을 활짝 연다면, 그분의 사랑의 음성과 글들을 발견하게 될 것입니다.

성경공부
넘치는 은혜

2장

기도하는 이유

응답 받는 기도의 조건

제1부 기도란 무엇인가?

하나님께서는 천연계와 성경을 통하여 우리에게 항상 말씀하고 계십니다. 또한 성경은 성령께서 항상 우리의 마음속에 역사하신다고 가르치고 있습니다. 그러나 하나님과의 관계와 교제에 있어서 그것만으로는 충분치가 않습니다. 우리도 하나님께 말하는 일이 필요합니다. 관계란 항상 서로 간에 의사소통과 대화가 있어야 이루어지는 것처럼 말입니다. 우리는 우리의 심정을 하나님 앞에 토로할 필요가 있습니다. 우리는 영적 생명과 힘을 얻기 위하여 우리 하늘 아버지와의 실제적인 교제를 가져야 합니다. 물론 우리는 우리의 마음으로 하나님을 그리워하며 사모하기도 하고 또한 그의 업적과 그의 자비와 그의 축복에 대하여 명상하기도 하지만 이것은 진정한 의미에 있어서 하나님과 교통하는 것은 아닙니다. 우리가 하나님과 교통하려면 우리의 실제적인 매일의 생활에 대하여 하나님께 무엇인가 말하는 것이 있어야 합니다.

기도는 마치 친구에게 대화하는 것처럼 하나님께 우리의 심정을 펼쳐놓는 것입니다. 그렇다고 해서 우리의 형편을 하나님께 알리기 위해서 기도하는 것은 아닙니다. 하나님께서는 이미 우리의 형편과 마음을 우리 자신보다도 더 잘 알고 계시기 때문에 그렇게 할 필요가 없습니다. 그러므로 기도의 목적은 우리 자신이 하나님을 우리 생활 속에 더 잘 받아들일 수 있도록 하기 위해서 드리는 것입니다. 기도는 하나님을 우리에게로 내려오시게 하려고 애쓰는 것이 아니라, 오히려 우리 자신들을 하나님께서 계신 곳으로 올라가게 하는 것입니다. 하나님의 뜻과 섭리를 더 확실하게 이해하기 위하여 하나님과 대화하는 일이 기도입니다.

이러한 생각은 기도에 대한 우리의 관념에 커다란 혁명을 일으켜 줄 수가 있습니다. 기도란 우리의 뜻을 관철하기 위하여 어린아이가 떼를 쓰듯이 하나님께 매어 달리거나 졸라대는 식의 호소가 아닙니다. 기도는 우리의 원하는 것을 받아낼 때까지 하나님의 팔을 비틀어대는 식으로 붙들고 늘어지는 억지도 아닙니다. 기도는 오히려 우리가 조용히 하나님의 뜻을 깨닫게 되고 그분의 뜻을 수용할 수 있게 되기 위하여 주님과 나누는 대화입니다. 하나님께서는 우리보다도 훨씬 더, 우리를 향한 최선이 무엇인지를 잘 알고 계시기 때문입니다. 이 점이 바로 오늘날 많은 그리스도인이 기도에 대하여 오해하고 있는 중요한 문제입니다.

예수님께서는 세상에 계실 때에 당신의 제자들에게 어떻게 기도할지를 가르쳐 주셨습니다. 주님께서는 저희의 매일의 필요를 하나님께 아뢰고 저희의 모든 염려를 하나님께 맡겨 버리라고 하셨습니다. 그러면 그들의 기도를 들어주시겠다고 약속하셨습니다.

예수님 자신도 이 땅에 거하실 때에 자주 기도하셨습니다. 주님께서는 당신의 의무와 시련을 위하여 굳세게 나아갈 수 있도록 당신의 아버지께 새로운 능력을 달라고 늘 기도하셨습니다. 예수님께서 이른 아침에 기도하시고 산에서 내려오셨다는 기사를 우리는 성경에서 자주 읽게 됩니다. 예수는 모든 일에 우리의 모본이 되십니다. 예수님께서는 우리와 같이 연약한 인간의 몸을 가지고 오셨기 때문에 모든 일에 우리와 한결같이 시험을 받으셨으나 죄는 없으셨습니다(히 4:15절 참조). 그분도 죄악 세상에서 마음속의 많은 투쟁과 고민을 경험하셨습니다. 그분도 인간으로 오셔서 사셨기에 절실하게 기도가 필요하셨습니다. 예수님께 있어서 기도는 하나의 큰 특권이었습니다. 그분께서는 당신의 아버지와 교통하는 기도의 경험에서 큰 위안과 기쁨을 발견하셨습니다. 인류의 구주이시고 하나님의 아들이신 그분도 기도의 필요를 느끼셨는데, 하물며 이렇게 연약하고 죄가 크며 죽을 수밖에 없는 우리 인생들이야 어떠하겠습니까!

우리의 하늘 아버지께서는 당신의 풍성한 축복을 우리에게 부어 주시려고 항상 기다리고 계십니다. 기도를 통하여 하나님의 무한하신 사랑의 샘에서 마음껏 퍼 마시는 것은 우리의 특권입니다. 우리가 기도를 그렇듯 적게 하는 것은 얼마나 이상한 일입니까! 하나님께서는 당신의 자녀 중에 아무리 비천한 사람일지라도 진정으로 하는 기도를 듣기 원하시고 고대하시지만, 그리스도인들은 마치 자기의 소원을 하나님께 기도로 말씀 드리기를 싫어하는 것처럼 기도를 게을리 하는 것 같습니다.

하나님께서는 무한하신 사랑의 마음으로 사람들을 그리워하시고 저희가 구하고 생각하는 것 이상으로 주시기를 원하시지만, 우리가 이렇게 기도를 적게 하고 있으니 이러한 모습을 보고 있는 하늘의 천사들은 얼마나 답답하겠습니까? 천사들이 아무리 우리를 도와주고 싶어도 구하지 않기 때문에 도와줄 수가 없어서 안타까워하고 있을 것입니다. 천사들은 하나님 앞에 경배하기를 좋아하며 그분 앞에 가까이 있기를 좋아합니다. 그들은 하나님과 대화하는 일을 저들의 최고의 기쁨으로 여기며 살아가고 있을 것입니다. 그런데 오히려 하나님의 도움이 없이는 도저히 살아갈 수 없는 이 땅의 그리스도인들이 기도하는 일 없이 그저 하루하루를 살아가고 있습니다.

마귀는 기도를 게을리 하는 자들을 어두움으로 가두어 놓습니다. 이 원수의 속삭이는 시험은 저들을 쉽게 죄에 빠뜨리고 유혹합니다. 그것은 하나님께서 주신 기도의 특권을 사용하지 않았기 때문입니다. 기도는 전능하신 하나님의 무한한 능력을 쌓아 둔 하늘 창고를 여는 믿는 자의 손에 있는 열쇠입니다. 그럼에도 불구하고 그리스도인들이 어쩌면 이렇게 기도하기를 싫어할 수 있을까요? 끊임없이 기도하고 늘 깨어있지 않으면 우리는 부주의하게 되고 정로에서 탈선하게 되는 것입니다. 사탄은 우리가 열성 있는 기도를 통하여 얻게 되는 시험을 이기는 은혜와 능력을 얻지 못하도록 하기 위하여 은혜의 보좌 앞으로 나아가는 길을 막으려고 끊임없이 애쓰고 있습니다.

제2부 응답 받는 기도의 조건

기도에 대한 또 다른 중요한 면에 대하여 생각해 보도록 합시다. 하나님께서 우리의 기도를 들으시고 응답하시기를 기대하려면 거기에 몇 가지 조건들이 있습니다.

첫 번째, 우리가 하나님으로부터 도움을 받을 필요를 느끼는 것입니다. 하나님께서 허락하시기를 "내가 갈한 자에게 물을 주며 마른 땅에 시내가 흐르게 하리라."(사 44:3)라고 말씀하셨습니다. 의에 주리고 목마른 것같이 하나님을 앙망하는 자들은 확실히 배부르게 될 것입니다. 하나님께서 "구하라 그러면 너희에게 주실 것이요."(마 7:7)라고 말씀하셨습니다. 그리고 "자기 아들을 아끼지 아니하시고 우리 모든 사람을 위하여 내어주신 이가 어찌 그 아들과 함께 모든 것을 우리에게 은사로 주지 아니하시겠느뇨"(롬 8:32)라고 하시지 않았습니까?

두 번째, 회개하는 심정으로 주 앞에 나아가야 하는 것입니다. 만일 우리가 우리의 마음에 죄를 품든지, 알고 지은 죄를 버리지 아니할 것 같으면 주께서 듣지 아니하실 것입니다. 그러나 회개하고 통회하는 자의 기도는 언제든지 받으실 것입니다. 모든 아는 죄를 바로잡은 후에야 하나님께서 우리의 기도를 응답하실 것을 우리가 믿을 수 있는 것입니다. 우리를 구원하는 것은 예수의 공로이고 우리를 깨끗하게 하는 것은 그분의 보혈입니다. 그러나 우리가 주께서 받으시는 조건을 응하기 위하여 우리 편에서도 할 일이 있는 것입니다.

세 번째, 응답 받는 기도의 또 하나의 요소는 믿음입니다. "하나님께 나아가는 자는 반드시 그가 계신 것과 또한 그가 자기를 찾는 자들에게 상주시는 이심을 믿어야"(히 11:6) 합니다. 예수님께서 당신의 제자들에게 말씀하시기를 "무엇이든지 기도하고 구하는 것은 받은 줄로 믿으라 그리하면 너희에게 그대로 되리라."(막 11:24)고 하셨습니다. 하나님의 약속은 광범위하고 무한하며 약속을 허락하신 분은 진실하신 분이십니다. 우리가 구하는 그것을 꼭 우리가 구하는 바로 그 시간과 그러한 방법대로 받지는 못 할지라도 우리는 주께서 우리의 기도를 들으시고 응답하실 것을 믿어야 할 것입니다. 우리는 너무나 흠이 많고 장래 일을 잘 내다보지 못함으로 어떤 때에는 우리 자신들에게 축복이 되지 못하는 것들을 구하기 일쑤입니다. 그러므로 우리 하늘 아버지께서는 사랑으로써 우리에게 가장 좋은 방법대로, 다시 말해서 만일 우리가 영적으로 눈이 밝아 그 모든 것을 있는 그대로 볼 수만 있다면 우리 자신도 그렇게 원하며 구하게 될 그러한 방식으로 우리의 기도를 응답하여 주시는 것입니다.

우리의 기도가 응답되지 않는 듯한 때라도 우리는 그 허락을 굳게 붙잡아야 할 것입니다. 응답의 시간은 확실히 올 것이며 우리에게 절실히 요구되는 축복을 받게 될 것입니다. 그러나 기도는 언제나 우리가 꼭 원하는 방식으로 응답되고 또한 우리가 꼭 원하는 것을 얻을 수 있다고 생각하는 것은 망상입니다. 하나님께서는 지극히 지혜로우시므로 잘못하실 리가 없으시며, 지극히 선하시기 때문에 정직히 행하는 자에게 반드시 좋은 것을 아끼지 아니하시고 주실 것입니다. 그러므로 비록 기도가 즉시 응답되지 않을지라도 의심하지 말아야 합니다. "구하라 그러면 너희에게 주실 것이요"라는 그분의 확실한 허락을 믿어야 합니다.

네 번째, 우리가 하나님께 긍휼과 축복을 구하려고 할 때에 우리는 우리 마음 가운데 사랑과 용서의 정신을 가져야 합니다. 우리는 "우리가 우리에게 죄 지은 자를 사하여 준 것 같이 우리 죄를 사하여 주옵시고"(마 6:12)라고 기도하면서 어떻게 용서하지 않을 마음을 품을 수 있겠습니까? 우리의 기도가 응답되기를 바랄진대 우리는 우리가 용서함을 받고자 하는 대로 남을 용서해 주어야 할 것입니다.

다섯 번째, 기도를 꾸준히 하는 일은 응답을 받는 조건이 됩니다. 우리의 믿음과 경험이 자라나기를 원할진대 우리는 항상 기도하여야 합니다. 우리는 깨어서 항상 기도하며, 감사함으로 기도에 항상 힘써야 합니다. 베드로는 신자들에게 "정신을 차리고 근신하여 기도하라"(벧전 4:7)고 권하였습니다. 바울은 "오직 모든 일에 기도와 간구로, 너희 구할 것을 감사함으로 하나님께 아뢰라"(빌 4:6)고 가르쳤습니다. 유다는 "사랑하는 자들아 … 성령으로 기도하며 하나님의 사랑 안에서 자기를 지키"(유 1:20,21)라고 말씀하였습니다. 끊임없는 기도는 우리의 심령이 하나님과 끊임없이 연결됨을 의미하는 것이며 그리하여 생명이 하나님께로부터 흘러나와서 우리의 생명으로 들어오고 다시 순결과 거룩함이 우리의 생명에서 하나님께로 흘러 돌아가게 합니다.

기도에 있어서는 부지런함이 필요합니다. 무슨 일이든지 간에 우리의 기도하는 일을 방해하지 못하도록 하여야 합니다. 예수와 우리의 심령 사이에 교통함이 막히지 않도록 온갖 노력을 다해야 합니다. 기도할 때에 우리가 늘 습관적으로 하는 곳으로 가서 기도하는 것이 좋습니다. 하나님과 교통하기를 참으로 원하는 자들은 기도회에 참석하기를 좋아하게 될 것입니다.

우리는 가정 안에서 기도해야 하며, 무엇보다도 은밀한 기도를 등한히 하여서는 안 됩니다. 기도를 등한히 하면서 영혼이 번영할 수는 없는 것입니다. 가족 기도와 공중 기도만으로는 넉넉지 않습니다. 홀로 조용한 가운데서 하나님의 감찰하시는 눈앞에 우리의 심령을 내어놓는 일이 중요합니다. 비록 우리의 주위가 부패된 분위기로 둘려 있을지라도 우리는 그 더러운 공기를 호흡하지 않고 하늘의 깨끗한 공기 가운데서 살 수 있습니다. 우리는 진정한 기도로써 우리의 마음을 하나님께로 올림으로 불순한 망상이나 불경한 생각이 우리의 마음에 들어오지 못하도록 모든 문을 막을 수가 있습니다. 하나님의 붙들어 주심과 그분의 축복을 받기 위하여 마음 문을 열어 놓는 자들은 이 땅의 분위기보다 더 거룩한 분위기 가운데서 살 수 있게 될 것이며 하늘과 끝없는 교통을 지속할 수 있을 것입니다.

또한, 우리의 마음은 찬송의 날개를 타고서 하늘로 더욱 가까이 오를 수가 있습니다. 찬송은 곡조에 담은 다른 형식의 기도이기 때문입니다. 기도는 우리의 단순한 권리가 아니라 우리의 특권입니다. 우리는 더 많이 기도하여야 합니다. 세상의 마지막이 가까울수록 우리는 더욱 더 많이 기도하여야 할 것입니다. 그러나 그 기도는 성경적인 기도가 되어야 합니다. 극단적이고 광신적인, 그리고 지극히 이기적이며 무엇을 얻어내기 위해 보채는 형식의 기도는 이제 그만 두어야 합니다. 그러한 기도는 사실상 자기도취이지 진정한 의미에서는 하나님과의 대화가 아니기 때문입니다. 기도는 우리의 권한이 아닙니다. 기도는 하나님께서 우리에게 주신 특권입니다.

제3부 기도하는 이유

우리는 왜 기도해야 할까요? 하나님께서는 모든 것을 다 아십니다. 우리가 일일이 고하지 않아도 그분께서는 우리의 필요를 아십니다. 자녀는 먹을 것과 입을 것, 잠자리를 달라고 아버지께 조르지 않습니다. 이런 것들은 자연스럽게 그에게 공급되는 것입니다.

하늘에 계신 우리 아버지께서 우리의 필요를 아심에도 불구하고 왜 우리는 그분께 우리의 필요를 아뢰어야만 할까요? 하나님께서 우리의 필요를 공급하시는 것이 너무 당연하다고 생각하지 않도록 하기 위함일까요? 아버지께서 채워주실 것을 다 알면서도 무릎 꿇고 비는 것은 우리의 품위를 떨어뜨리는 일이 아닌가요?

그에 대한 답은, 사람들이 기도하든지 안 하든지 간에 하나님께서는 모든 사람의 필요를 채워주시며 또한 그분은 사람들을 차별 대우하지 않으신다는 것입니다. 그분은 의로운 자와 불의한 자 모두에게 똑같이 비를 내리십니다(마 5:45). 아무도 무언가를 위해 빌어야 할 필요가 없습니다. 하나님께서는 전혀 편애함 없이 모두의 필요를 채우십니다. 사실, 많은 경우 악한 사람들이 의로운 사람들보다 더 잘 삽니다. 의심할 바 없이, 하나님께서는 이런 경우를 허락하심이 틀림없습니다. 만일 그분께서 의로운 자들에게만 복을 주시고, 악한 자들은 가난으로 저주하신다면, 어떤 이들은 단지 잘 살고자 하는 욕망 때문에 하나님께로 돌이킬 것입니다. 그렇다면 복은 단지 사람으로 하여금 하나님을 섬기도록 매수하는 뇌물에 지나지 않을 것이며 이것은 하나님의 뜻과 계획에 맞지 않습니다.

하나님께서는 사람들이 이생에서의 형벌에 대한 두려움이나 상에 대한 욕심 없이 선과 악 둘 중에 하나를 택하기 원하십니다. 하나님께서는 모든 사람을 공평하게 치우침 없이 대하시기 때문에 어떤 사람들은 하나님을 미워하는데도 경제적으로 부요합니다. 한편으로 하나님을 경외하는 사람들 중에는 간신히 생계를 이어나가는 이들도 있습니다. 전자는 근면하게 일하고, 그들에게 있는 것을 잘 간수하며 하는 모든 일에 부지런합니다. 후자는 부주의하고 나태하며 기도는 많이 하고 일은 거의 하지 않으며 하나님께서 그들의 필요를 채워주실 것이라고 느낍니다. 하나님께서 자기편에 계시고 또한 도와주실 것이니 철저하게 준비할 필요가 없다고 믿는 그리스도인 의사보다 열심히 준비한 믿지 않는 외과 의사가 더 좋은 기술을 갖고 성공할 수 있습니다.

그렇다면, 왜 기도해야 할까요? 만일 하나님께서 구하는 자에게 특별한 도움을 주시는 것이 아니라면, 기도하지 않는 사람과 똑같이 열심히 연구하고 일해야 한다면, 도대체 왜 기도해야 하는 것인가요? 기도하는 농부가 믿지 않는 그의 이웃만큼이나 열심히 밭에서 일해야 한다면, 기도해서 더 좋을 것이 무엇이 있습니까? 무신론자인 친구보다 더 나은 외과 의사가 될 수 없다면 왜 의대생은 하나님께 도우심을 구해야 할까요?

1. 고백에 대한 비뚤어진 인식

이 모든 질문은 전부 기도란 것은 일하지 않고도 하나님께로부터 무엇인가를 얻어낼 수 있는 방편이라는 전제를 기초로 한 것입니다. 믿지 않는 자는 성공하기 위하여 일합니다. 그리스도인은 기도로서 일을 대신할 수 있습니까? 하나님의 뜻에 비춰보면, 아닙니다. 기도는 행함이나 일, 혹은 다른 어떤 것도 대신할 수 없습니다. 기도하고 회개함으로 용서받을 수는 있지만, 악한 행동의 결과를 바꾸거나 그에 따르는 형벌을 없이 할 수는 없습니다. 다윗은 그의 죄를 자백하고 깊이 회개하였지만, 그가 지은 죄의 결과로 인한 형벌은 없어지지 않았습니다(삼하 12:13,14). 이것을 사람들은 쉽게 망각합니다. 그러므로 이러한 사실을 항상 기억해야만 합니다.

어떤 학교에서 학생들 중 한 명이 중요한 시험에서 부정행위를 하였습니다. 그는 평균 실력 정도 되는 학생이었는데 부정행위를 한 결과 시험 성적이 잘 나와서 B학점을 받았습니다. 얼마 후 그의 양심은 그를 괴롭혔고 그는 자신의 부정행위를 깊이 뉘우치며 선생님께 그것을 고백하는 편지를 썼습니다. 선생님은 그가 고백해서 기쁘다고 말해 주었습니다. 그리고 그 학생의 사과를 받아들이고 그의 점수를 B에서 F로 고쳤다고 알려주었습니다. 그러자, 그 학생은 선생님이 한 일에 대해 분노를 표시하면서 말하기를 만약 자백한 것의 결과가 이렇게 될 줄 알았다면 결코 자신의 잘못을 얘기하지 않았을 것이라고 하였습니다. 그의 자백은 B학점을 얻을 만하지 않았던가요?

그 학생은 그가 스스로의 힘으로 치르지 않은 시험에 왜 선생님이 B학점을 줄 수 없는지를 이해하지 못하였습니다. 자백한다는 것으로 그의 부정행위를 고칠 수는 없으며 B학점이 요구한 공부를 대신할 수도 없다는 것을 그는 깨닫지 못했습니다. 그 학생의 자백의 결과로 그에게 B학점을 준다면 부정행위를 한 다른 학생들에게도 똑같이

해야 될 것이며 그렇게 된다면 정직하게 학점을 받은 모든 학생에게 불공평한 일이 될 것입니다. 상을 얻으려고 하는 자백은 진정한 자백이 아닙니다.

하나님께서는 사람이 죄를 자백하면 형벌을 면하게 해주겠다고 약속하심으로 사람을 매수하지 않으십니다. 순종하는 자에게 상이 허락된 것은 사실이나, 무엇인가를 얻어내기 위해 하는 순종이나 자백은 거의 가치가 없다고 보아야 합니다. 사실 그런 순종은 아무런 도덕적 가치가 없습니다. 그것은 마치 어린 아이가 까불지 않으면 사탕을 주겠다는 약속 때문에 얌전하게 순종하는 것과 다를 바가 없습니다.

욥의 경우에 바로 이 원칙이 걸려있었습니다. 사탄은 조소하듯이 "욥이 아무 이유 없이 하나님을 경외하는 줄 아십니까?" 라고 물었습니다. 사탄은 욥이 하나님을 경외하는 것은 하나님께서 그에게 복을 주셨기 때문이고 욥이 경건한 것은 하나님께서 그를 부하게 해주셨기 때문이라고 넌지시 말하였습니다. 하나님께서 그를 울로 두르셔서 어떤 악도 그를 건드리지 못하게 하셨고, 그분께서 그 손의 일을 축복하셔서 그의 재물을 늘리셨기 때문에 욥이 하나님께 충성하는 것이라고 사탄은 이야기하였습니다(욥 1:10). "이제 주의 손을 펴서 그의 모든 소유물을 치소서 그리하시면 정녕 대면하여 주를 욕하리이다"(욥 1:11).

하나님은 사탄의 불평을 받아들이시고 말씀하시기를, "내가 그의 소유물을 다 네 손에 붙이노라 오직 그의 몸에는 네 손을 대지 말지니라."고 하셨습니다. 이 시험을 허락하심으로 하나님께서는 욥이 하나님을 섬기는 것이 재물을 바라고 하는 것이라는 사탄의 고소를 꺾고자 하셨습니다. 하나님께서는 이기적인 동기 없이 하나님을 섬기는 자, 하나님께서 축복을 거두어 가신다고 해도 하나님을 믿는 자가 이 세상에 있음을 보이고자 하셨습니다. 비록 욥은 그의 결정이 얼마나 중대한 것인지 알지 못하였지만 하나님께서는 이 문제에 있어서 욥에게 의지하고 계셨던 것입니다.

욥의 재물을 뺏을 수 있다는 하나님의 허락을 받고 사탄은 욥이 가진 모든 것, 심지어는 그의 자녀들까지도 모두 빼앗았습니다. 사탄은 빈틈없이 자신의 일을 했습니다. 종들은 달려와서 꼬리에 꼬리를 무는 재앙들을 보고하였습니다. 갑작스런 재앙에 할 말을 잃은 욥은 나직이 아뢰었습니다. "내가 모태에서 적신이 나왔사온즉 또한 적신이 그리로 돌아가올지라 주신 자도 여호와시요 취하신 자도 여호와시오니 여호와의 이름이 찬송을 받으실지니이다 하고 이 모든 일에 욥이 범죄하지 아니하고 하나님을 향하여 어리석게 원망하지 아니하니라"(욥 1:21,22).

사탄은 하나님께서 욥이 가진 것을 제하신다면 욥이 하나님을 저주할 것이라고 주장하였습니다. 그러나 그렇게 하는 대신 욥은 여호와의 이름을 찬양하였습니다. 이것은 하나님의 완승이었습니다. 왜냐하면, 사탄이 이 시험의 조건들을 내세웠고 하나님께서 그것에 동의하셨기 때문이었습니다. 적어도 이 지구상에서 한 사람만큼은 이익을 얻고자 하나님을 섬기는 것이 아님이 증명되었습니다.

사탄은 패배하였습니다. 그러나 잠시 후 그는 다시 돌아와 말하기를 그가 진 것은 하나님께서 욥의 몸에 손대지 못하도록 하셨기 때문이라고 하였습니다. 만일 하나님께서 사탄으로 하여금 "그의 뼈와 살을 치도록" 하신다면 욥이 대면하여 욕할 것이라고 하였습니다(욥 2:5). 하나님께서는 이 시험의 법칙을 바꾸는데 동의하시고, "내가 그를 네 손에 붙이노라 오직 그의 생명은 해하지 말지니라."고 말씀하셨습니다.

"사탄이 이에 여호와 앞에서 물러가서 욥을 쳐서 그 발바닥에서 정수리까지 악창이 나게 한지라"(욥 2:7). 여전히 욥은 왜 하나님께서 이러한 시험을 그에게 허락하셨는지 알지 못했지만 그의 믿음은 흔들리지 않았습니다. 그의 부인은 그에게 하나님을 욕하고 죽으라고 했지만 욥은 요동하지 않았습니다. "우리가 하나님께 복을 받았은즉 재앙도 받지 아니하겠느뇨?" 결과는 첫 번째 시험과 똑같았습니다. "이 모든 일에 욥이 입술로 범죄치 아니하니라"(욥 2:10).

시험은 끝났습니다. 하나님께서는 사탄의 주장과 고소가 허위였음을 증명하셨습니다. 욥은 이익을 얻고자 하나님을 섬긴 것이 아니었습니다. 욥은 다음과 같은 승리의 말로 그의 믿음을 표현하였습니다. "그분께서 나를 죽이실지라도 나는 그분을 신뢰할 것이요, 오직 나는 그분 앞에서 내 자신의 길들을 그대로 지키실 것이요"(욥 13:15 KJV).

2. 왜 기도하는가?

"왜 기도하는가"라는 질문이 생기는 이유는, 사람들이 기도할 때에는 거기에 따르는 이점이 있으며 만약 그러한 유익이 없다면 기도할 필요가 없다고 생각하는 데 있습니다. 이러한 생각은 기도를 상업적으로 사용하는 것과 다를 바 없으며 기도의 본질을 무시하는 것입니다.

기도의 본질은 하나님과 교통하고 친구에게 하듯 그분과 대화하는 것입니다. 우리는 왜 친구들과 어울리고 이야기를 나눕니까? 우리 자신을 부요하게 하기 위해 그들로부터 무언가를 얻으려고 하는 것입니까? 이러한 것을 생각하는 자체가 진정한 우정과 친교에 정반대되는 것입니다. 왜 서로 사랑하는 사람들은 서로 어울리고 함께 앉아서 이야기하기를 좋아합니까? 그들이 사랑하기 때문이라는 것이 정답이 아닙니까? 다른 설명이 필요 없습니다. 자신의 손익을 따지는 것은 그들의 목적과 거리가 멉니다. 참으로 그러한 동기는 진정한 사랑에 치명적일 것입니다. 사랑은 받는 것이 아닌, 주는 것에 기초한 것입니다.

왜 기도할까요? 왜 사랑할까요? 마찬가지로, 왜 숨쉴까요? 라고 물을 수 있습니다. 이 모든 것은 다 자연스럽고 필요한 것들입니다. 사랑이 있는 곳에 교제가 있고, 기도가 있습니다. 다른 어떤 것이 있을 수가 없는 것입니다. 그리스도인에게 왜 기도하냐고 묻는 것은 이상한 것입니다. 왜냐하면 그에게 있어서 기도는 너무나 자연스러운 것이므로 기도하지 않는 삶을 생각할 수 없기 때문입니다. 만약 어린 아이에게 왜 기쁘거나 슬플 때 엄마에게 달려가서 이야기하는지, 또 자기가 발견한 것을 엄마에게 보여주는지 묻는다면 그 아이는 틀림없이 왜 이런 질문을 하는가 하고 이상하게 여길 것입니다. 엄마 외에 누구에게로 아이가 달려가겠습니까? 그 이상 무엇을 할 수 있겠습니까? 엄마는 모든 문제를 해결할 수 있습니다. 엄마는 아이의 지혜의 샘입니다. 엄마는 상처들을 아물게 하고 눈물을 마르게 할 수 있습니다. 그녀는 어떤 경우에 어떻게 해야 할지 다 알고 있습니다. 그녀는 이해합니다. 때때로 아이는 단지 엄마를 사랑한다고 말하기 위해 엄마에게 달려갑니다. 볼을 쓰다듬어 주고, 뽀뽀해 주고, "엄마도 너를 사랑해."라고 말할 때, 이 모든 것이 왜 아이가 엄마에게 달려가는지를 설명해 줍니다. 아이에게는 왜 엄마에게 달려가는지 묻는 것이 유치하고 이상한 것입니다. 그 아이는 아마도 어른들은 뭘 모른다고 생각할 것입니다. 그리고 그 아이가 옳습니다.

마찬가지로 그리스도인은 그가 왜 기도하는지 묻는 것은 이상한 일이라고 생각합니다. 그는 하나님께 일용할 양식을 달라고 구하고 그것을 받지만, 믿지 않는 그의 이웃 역시 기도하지 않고도 양식을 받는 것을 압니다. 그는 하나님께서 까마귀와 참새와 악한 자들을 모두 먹이신다는 것을 압니다. 그러면 왜 기도합니까? 왜냐하면, 믿지 않는 사람이 기도응답을 받는 사람으로서 갖춰야 할 조건에 응낙하기를 원하지 않음으로 못 받는 것을 그리스도인은 양식과 더불어 받기 때문입니다.

아이가 자라나면서, 아버지는 그의 자녀가 음식과 옷 이상의 것을 필요로 할 것임을 압니다. 그는 교제와 친교를 필요로 할 것입니다. 그는 이해심 많은 아버지의 조언을 필요로 할 것입니다. 아들은 스스로에게 그러한 도움이 얼마나 필요 되는지 모를 수도 있지만 아버지는 그것을 알며 그 필요를 채우기 위해 기꺼이 최선을 다합니다.

하늘에 계신 아버지도 마찬가지입니다. 그는 육신을 위하여 모든 이에게 양식을 주십니다. 또한 원하는 자들에게 정신과 영혼을 위한 양식을 주십니다. 그분은 모든 이에게 이것을 제공하시지만, 많은 이들이 육신의 양식은 받아들이면서 영혼의 양식은 거절하여 영원히 잃어버림을 당합니다. 하나님께서는 모두에게 이것을 제공하십니다. 그분은 모두에게 그 손을 펼치시지만 오직 소수만이 하나님의 손을 잡습니다. 하나님께서 더 이상 무엇을 하실 수 있습니까? 인간이 그분께서 제공하신 것을 거절하는 것은 그분의 마음을 너무나 슬프게 합니다.

왜 기도하는 것입니까? 하나님께로부터 무엇인가 얻어내기 위함이 아닙니다. 개인의 이익을 위하여 친구를 사귀는 것이야말로 만인의 지탄을 받아 마땅합니다. 우정은 절대로 이익을 얻어내기 위해 사용되어서는 안 됩니다. 왜 기도하는 것입니까? 왜냐하면, 우리는 하나님의 친구이기 때문입니다. 무아적인 사랑에 기초한 우정보다 더 거룩한 것은 없습니다. 그것은 이 땅에 존재하는 하늘이며, 하나님께서 인간의 심장에 넣어주신 사랑과 동정으로 충만할 성도들의 영광스러운 친교를 미리 맛보는 것입니다.

3. 우정

그리스도께서는 "너희는 나의 친구라"고 말씀하셨습니다. "이제부터는 너희를 종이라 하지 아니하리니 종은 주인의 하는 것을 알지 못함이라 너희를 친구라 하였노니 내가 내 아버지께 들은 것을 다 너희에게 알게 하였음이니라"(요 15:14,15).

"너희는 나의 친구라." 이것보다 더 영광스럽고 놀라운 일이 있습니까? 친구를 갖는 것 - 당신이 신뢰할 수 있는 사람, 자유롭게 이야기할 수 있는 사람, 마음의 가장 깊은 곳을 열 때 이해할 수 있는 사람, 당신의 확신을 견고한 신뢰로써 누설하지 않는 사람, 당신이 갖고 있는 가장 거룩한 소망과 야심을 이야기할 때 마음속으로 비웃거나 업신여기지 않는 사람, 그 마음이 당신의 사랑과 연결되어 있고 당신의 감정에 반응하는 사람, 비록 이해하지 못하더라도 당신을 끝까지 믿어주는 사람, 다른 이들이 오해할 때 당신을 변호해 주고, 온 세상이 등을 돌려버릴 때 당신 곁에 서 있는 사람, 그 자리에 없거나 멀리 떨어져 있을 때에라도 한결같은 사람, 당신의 약점을 알고도 당신을 사랑하는 사람, 슬플 때나 도움이 필요할 때 당신 곁에 있기 위해 대륙을 횡단할 사람, 절대로 당신을 버리거나 떠나지 않을 사람 - 이것이야말로 궁극적인 우정인 것입니다!

만일 여러분에게 그런 친구가 있다면, 그 친구를 꼭 잡으십시오. 폭풍이나 태풍, 비바람, 눈보라, 물불이 닥쳐와도 그와 헤어지지 마십시오. 살든지, 죽든지 그에게 매달리십시오. 그와 대화하십시오. 그와 교통하십시오. 그를 사랑하십시오. 이러한 친구가 바로 그리스도이십니다. 결코 그분을 저버리지 마십시오. 그분은 절대로 당신을 저버리지 않을 것입니다.

4. 친교

기도는 하나님과 이야기하는 것, 혹은 그분께 말하는 것, 그 이상입니다. 그것은 하나님과 함께 하는 친교요, 생명입니다. 우정이나 친교에 있어서 가장 큰 기쁨은 말하는 데 있지 않고, 말을 뛰어넘어 마음과 마음이 통하는 데 있습니다. 진정한 친구는 단 한 마디의 말도 없이 귀중한 시간을 보낼 수 있습니다. 두 사람은 조용하게 바닷가에 앉아 손을 잡고 침묵 속에 달콤한 교제를 즐길 수 있습니다. 두 사람은 숲 속을 걸으며 단 한 마디의 말도 하지 않은 채 자연과 하나님과 그리고 서로와 교제를 나눌 수 있습니다. 두 사람이 무릎을 꿇고 헌신하며 하나님과 서로에게 자신들을 바칠 때에, 완전한 이해가 영혼에 깃들 것입니다. 겉으로 드러남 없이 마음과 영혼의 교통이 있을 수 있습니다. 비록 입으로 하는 말은 없을지라도, 사랑, 우정, 동의, 그리고 조용한 기쁨과 넘치는 행복이 있습니다.

이런 경험을 가진 사람들은 다음의 이야기의 뜻을 이해할 것입니다. 평생을 함께 한 친구 둘은 인생의 황혼이 가까워올 때, 어느 조용한 오후 내내 함께 말 한 마디 없이 앉아 있다가 저녁이 되면 한 사람이 서로의 감정을 다음과 같이 표현합니다. "오늘 오후 우리 함께 정말 즐거운 시간을 보냈구나." 이러한 우정을 이해하는 사람들은 결코 "왜 기도해야 합니까?" 라고 묻지 않을 것입니다.

우리는 하나님과 함께 하는 삶을 지금 이곳에서 맛볼 수 있습니다. 천국은 단지 미래를 위한 것이 아닙니다. 그것은 지금 실제로 이루어질 수 있습니다. 하나님과 함께 하는 삶이 바로 천국이며, 하나님의 사랑 안에서 쉬고 함께 교통하는 것이 천국을 지금 이곳에서 맛보는 것입니다. 성경절중에 스바냐 3장 17절보다 더 아름답게 하나님의 사랑을 표현해 놓은 곳은 없을 것입니다. "너의 하나님 여호와가 너의 가운데 계시니 그는 구원을 베푸실 전능자시라 그가 너로 인하여 기쁨을 이기지 못하여 하시며 너를 잠잠히 사랑하시며 너로 인하여 즐거이 부르며 기뻐하시리라 하리라." 이 구절을 읽으면 어머니가 그녀의 어린 아이를 품에 안고 기쁨에 겨워 노래하며 사랑으로 편히 있을 때 아이가 엄마에게 바짝 다가붙는 평화로운 그림을 떠올리게 됩니다. 평화, 만족, 사랑에 대한 가장 아름다운 모습입니다.

이것이 하나님께서 우리에 대한 그분의 사랑을 표현하기 위하여 예로 든 것입니다. 어머니가 품 안의 아이에게 조용히 노래 불러 주듯이 하나님께서도 우리를 향한 사랑으로 노래 부르십니다. 그분은 우리를 그 사랑 안에 쉬라고 하십니다. 이것은 그 속성이 사랑이신 하나님께 평화와 만족을 드립니다. 어떻게 우리가 우리를 먼저 사랑하신 분을 사랑하지 않을 수 있습니까? 비할 데 없는 사랑으로 두르신 그분을 한번 쳐다보기만 한다면 어찌 우리가 그분과 교제를 나누지 않을 수 있겠습니까? 기도는 교제입니다. 기도는 생명입니다. 기도는 사랑입니다. 기도는 영혼의 호흡입니다. 어떻게 그리스도인이 기도하지 않고 살 수 있을까요?

그러므로 우리는 하나님의 임재를 필요로 하기 때문에, 그분의 사랑과 친교, 그리고 돌보심과 인도하심을 필요로 하기 때문에 기도합니다. 그가 먼저 우리를 사랑하셨기 때문에, 또한 다른 어떤 곳에서도 얻을 수 없는 영혼의 만족감을 그분에게서 얻기 때문에 우리는 그분께 기도합니다. 우리가 원하는 것을 얻어내기 위해서가 아니라 그분께서 무엇을 원하시는지 알기 위해 기도합니다. 그분의 마음을 바꾸도록 기도하는 것이 아니라 우리의 마음을 바꾸시도록 기도합니다. 그분이 우리를 위하여 당신의 계획을 바꾸도록 하기 위함이 아니라 우리를 도우사 그분의 계획을 기꺼이 받아들이게 하시도록 기도합니다.

고통을 피하기 위해서가 아니라 고통을 견딜 힘을 달라고 기도합니다. 세상에서 데려가 달라는 것이 아니라 세상 안에서 신실하게 살도록 도와달라고 기도합니다. 고생이나 시련에서 도망치기 위해서가 아니라 그것들을 감내할 인내심을 달라고 기도합니다. 일감을 치워달라고 기도하는 것이 아니라 잘 할 수 있도록 지혜를 달라고 기도합니다. 우리를 그토록 사랑하신 분을 사랑하기 때문에, 그분과 성도들의 교제를 귀중하게 여기기 때문에 우리는 언제나 기도합니다.

많은 그리스도인에게 있어서 기도란 진정한 감동 없이 해내는 일이 되었고, 특권이라기보다는 의무가 되어버렸습니다. 이것은 정말 슬픈 일입니다. 이러한 태도는 단지 뜨뜻미지근한 그리스도인에게만 제한된 것이 아닙니다. 신실한 그리스도인으로 이름 있는 사람들에게도 기도는 습관적인 것이 되어버렸습니다. 많은 경우, 이것은 사람들이 기도의 의미와 그 무한한 가능성을 희미하게 밖에 이해하지 못했기 때문입니다. 그들은 기도를 말하고, 기도를 외울 뿐, 자신들의 마음을 하나님께 토로하는 법을 배우지 못했기 때문에 진수성찬을 얻을 수 있음에도 불구하고 그저 빵 부스러기만 주울 뿐입니다. 그런 사람들은 기도와 기도의 가능성에 대해 더 연구해야 합니다. 기도할 때 묵상하는 법을 배우십시오. 친구에게 하듯이 하나님과 이야기하는 법을 배우십시오. 그리하면 그들은 전에 결코 꿈꾸지 않았던 영역에 다다를 것입니다.

제4부 기도 - 하나님의 마음을 움직이는 열쇠

"항상 기도하고 낙망치 말아야 될 것을 저희에게 비유로 하여"(눅 18:1). 이 비유는 예수님께서 백성에게 하신, 한 과부의 청원을 마침내 들어준 불의한 재판관에 관한 이야기였습니다. 그는 공의에 기초해서가 아니라 그녀의 끈질김 때문에 그녀의 소원을 들어주었습니다. "비유"라는 단어는 라틴어 "파라볼라"에서 왔는데 이는 비교나 예화를 의미합니다. 이것은 어떤 일을 상징적으로 빗대어 표현하는 것입니다.

이 비유의 목적은 그리스도인들이 기도할 때에 낙망치 아니하고 또한 너무 빨리 포기하지 말아야 할 것을 가르치기 위함이었습니다. 낙망한다는 것은 약하고 힘없는 상태를 말합니다. 그것은 희망과 믿음을 잃어버림을 상징합니다. 그것은 낙심하고 포기하는 사람을 묘사하는 것입니다. 낙망은 희망, 용기, 믿음, 그리고 끈질김의 반대입니다.

비유에 나오는 과부는 계속하여 재판관을 찾아가 호소하였습니다. 그녀가 거절당했을 때 그녀는 물러나 포기하기를 거절했습니다. 왜냐하면, 그녀는 자신의 호소가 정당하였고 재판관에게는 그녀의 요구를 들어줄 의무가 있음을 알았기 때문이었습니다. 그는 틀림없이 그녀를 무례하게 대하고 그녀가 포기하도록 하려고 모든 것을 다했을 것입니다. 하지만 소용이 없었습니다. 그 재판관은 공평하신 하나님과 비교해볼 때, "불의한" 재판관이라고 불렸습니다. 만일 불의한 재판관도 마침내 공의를 실행하고 청원자의 끈덕진 소원을 들어준다면 "공의의 하나님"께서는 그의 백성의 마음이 당신의 뜻과 일치할 때 요구하는 것을 당연히 귀담아 듣고 응답해 주시지 않겠습니까?

때때로 그분의 응답이 느리고 그분께서 우리를 위하여 어떤 행동도 취하지 않는 것처럼 보일지라도 하나님께서는 여전히 우리의 기도를 들으십니다. 우리에게는 우리의 기도를 들으시는 하나님의 응답이 지체되는 것처럼 보일 수도 있습니다. 왜 우리가 드리는 기도의 응답이 지체되는 것일까요? 하늘로 올라가는 기도의 대부분은 기도하는 사람들의 유익을 위하여 지체될 필요가 있습니다. 그분은 우리의 필요를 벌써 아시고 그것을 채워주려고 열망하십니다. 그분은 우리가 기도하기도 전에 우리의 필요를 예견하십니다. "그들이 부르기 전에 내가 응답하겠고 그들이 말을 마치기 전에 내가 들을 것이며"(사 65:24). 기도는 우리를 변화시킵니다. 기도는 우리의 태도와 우리의 품성을 변화시킵니다. 기도함으로 우리는 하나님께서 우리에게 주시는 것들을 감사함으로 받을 수 있는 준비를 갖추게 됩니다.

만일 부모가 아이들이 원하는 모든 것을 즉시 주면 아이들의 버릇을 망치게 됩니다. 그러한 아이들은 욕심 많고, 이기적이며, 자기 밖에 모르고 감사할 줄 모르게 됩니다. 그들은 현재 살고 있는 세상과 앞으로 살 하늘나라를 모두 잃고 맙니다. 잘 자란 어린이들, 훗날 유용하고 이타적으로 성장한 아이들은 종종 그들이 원하는 것을 갖지 못했거나 혹은 요구 사항들이 지체됨으로 그들의 품성이 계발되었습니다. 여러 해 동안의 자아 부인과 경험의 학교에서 배운 원칙을 통하여 그들은 이타적이 되고 감사하는 법을 배웠습니다. 위대한 사람들은 고생의 학교에서 만들어집니다. 우리의 하늘 아버지께서 자녀들을 가르치시는데 이 땅의 부모들보다 덜 지혜로우시겠습니까?

하나님께서는 믿음의 끈질긴 기도를 듣고 응답하십니다. 하지만 예수님께서는 이 비유를 다음과 같은 질문으로 끝내셨습니다. "그러나 인자가 올 때 세상에서 믿음을 보겠느냐"(눅 18:8). 기도의 응답이 더디므로 때때로 믿음은 흔들림을 당합니다. 마지막 때에는 믿음이 희귀할 것입니다. 예수님의 질문은 요한계시록 14장 12절에 그 답이 나왔는데, 바로 우리 주께서 다시 이 땅에 돌아오실 때 "예수의 믿음"을 가진 자들이 그분을 맞을 것입니다.

"예수의 믿음" 혹은 예수님께서 가지셨던 것과 동일한 믿음은 그분께서 믿음을 얻으셨던 것과 똑같은 방법-기도와 금식-으로 얻을 수 있습니다(마 17:19-21). 오직 기도하는 사람들만이 믿음이 자라날 것이며, 예수님처럼 기도의 생활을 하는 사람만이 그분께서 가지셨던 기적을 일으키는 믿음을 소유하게 될 것입니다. 그러한 백성만이 그분께서 이 땅에 돌아오실 때 그분을 맞을 준비가 되어있을 것입니다. 끈질기게 기도하는 믿음의 사람들이 이 세상을 영광으로 밝힐 복음을 선포할 것입니다.

현대 교회의 가장 큰 필요는 영적 부흥이며 이것은 오로지 기도에 대한 응답으로써 이르러 올 것입니다. 오순절 이래로 있었던 모든 부흥은 모두 그들의 소원을 끈질기게 하나님께 아뢴 소수의 성도들에 의해 이루어졌습니다. 유쾌하게 하는 성령의 이른 비는 소수의 사람들이 끊임없이 기도하였을 때 내렸습니다. 교회 안에 대대적인 개혁이 일어날 때까지 기다릴 필요가 없습니다. 의로운 한 사람의 기도가 하나님의 팔을 움직일 수 있습니다. 이 세상을 뒤흔들었던 종교개혁의 능력은 기도의 밀실에서부터 나왔습니다. 마찬가지로 종교개혁을 완성시키고 사람들로 하여금 그리스도와 사도들의 믿음으로 돌아가게 할 수 있는 능력은 기도에서 나와야 합니다.

그러므로 기도는 이 죄 많고 반역한 세상에서 그리스도인이 가질 수 있는 가장 큰 특권입니다. 기도는 영혼에게 영적인 생명의 호흡이 됩니다. 영적인 생활에 있어서 기도는 육신의 생명과 호흡의 관계와 같습니다. 기도를 게을리 하는 것은 영적인 죽음을 초래합니다. 기도는 하나님과 함께 하는 대화요, 교제입니다. 기도는 사람을 하나님께, 이 땅을 하늘에 매어놓는 황금 줄입니다. 기도는 세상을 움직이는 팔을 움직이는 능력입니다. 기도는 겉으로 보아 가장 희망 없는 사람들을 바꿀 수 있습니다. 기도할 때 미래는 하나님의 약속들만큼이나 환하게 밝아옵니다.

어떤 이는 말하였습니다. "기도는 황금 강이다. 어떤 사람들은 강가에서 목마름으로 죽어가고 어떤 사람들은 무릎을 꿇고 황금 물을 마신다."

제5부 하나님께서 어떤 기도들은 응답해 주실 수 없는 이유

한 놀라운 이야기를 소개합니다. 한 여인이 기도할 때 구체적인 필요들을 하나님께 아뢰었습니다. 그러나 종종 그런 기도들은 응답 받지 못했습니다.

결혼한 지 얼마 되지 않았을 때, 한번은 그녀가 우표를 달라고 하나님께 기도 드렸습니다. 그녀는 하나님께서 그녀의 기도를 들으시고 바로 그 날, 우표를 보내주실 것이라는 강한 확신을 갖게 되었습니다. 그러나 그녀는 우표를 받지 못했습니다. 그녀의 남편과 함께 일하던 원로 목사는 그 날 우표를 받았습니다. 하지만 그녀를 위한 우표는 없었습니다. 후에 이 여인은 알게 되었는데, 하나님께서 이 원로 목사의 마음에 우표를 그녀에게 나눠주라는 부담을 주셨습니다. 하지만 그 목사가 마음을 굳게 하여 하나님께서 보내주신 축복을 그녀와 함께 나누기를 거절한 것이었습니다.

이 이야기는 이해가 되지 않았던 많은 일에 새로운 빛을 던져줍니다. 우리는 하나님께서 주신 모든 믿음을 가지고 열렬히 기도할 수 있겠지만, 만일 그 기도의 응답이 하나님의 손에 들려 사용되기를 원치 않는 사람들에 달려 있는 것이라면, 우리의 기도는 응답 받을 수 없는 것입니다. 이것은 전에 우리가 생각해 왔던 것과 완전히 다른 것이었습니다. 보통 하나님께서 기도를 응답하시는 방법은 언제나 세 가지 - 곧 응답해 주시는 것과, 내게 더 나은 유익을 위해 응답하지 않으시는 것과, 기다림이 필요한 응답 - 중 하나라고 믿어져 왔습니다. 그런데 이제 여기에 네 번째 가능성 - 기도 응답 받는데 쓰여질 수 있는 사람이 하나님의 감동하심을 거절하는 것 - 이 더해질 수 있는 것을 독자는 알게 되었습니다.

선을 위한 영향력과 악을 위한 영향력이 언제나 우리 주위를 둘러싸고 있다고 성경은 가르칩니다. 사도 베드로는 다음과 같이 경고하였습니다. "근신하라 깨어라 너희 대적 마귀가 우는 사자같이 두루 다니며 삼킬 자를 찾나니"(벧전 5:8). 하지만 시편 기자는 우리에게 이렇게 확증하였습니다. "저가 너를 위하여 그 사자들을 명하사 네 모든 길에 너를 지키게 하심이라"(시 91:11). 선과 악을 위한 영향력 중 어느 것이 우리의 삶에서 더 강할지를 선택하는 것은 우리의 몫입니다.

하나님께서는 우리 각자에게 필요한 모든 것을 다 공급하기를 원하시는데, 단지 육신적인 것(먹을 것, 입을 것, 잠자리 등) 뿐만이 아니라 감성적인 것(평안함과 행복감 등)에 있어서도 우리가 풍족하기를 원하십니다. 사도 바울은 "나의 하나님이 그리스도 예수 안에서 영광 가운데 그 풍성한 대로 너희 모든 쓸 것을 채우시리라."(빌 4:19)고 확언하였습니다. 때때로 우리 자신들의 선택으로 이러한 축복을 잃어버릴 때도 있지만, 종종 우리와 가까운 사람들의 잘못된 선택으로 그럴 때도 있습니다. 만일 당신 주변의 사람들의 선택이 하나님께서 당신을 축복하시고자 하는 것을 방해한다면 어떻게 하겠습니까? 아마도 이 사람들과 개인적으로 만나 이야기를 함으로 이런 상황을 풀어나갈 수도 있을 것입니다. 아니면 그 사람들과 거리를 두는 것이 좋을 수도 있습니다. 특별히 그 사람들의 이기적인 행동이 당신과 가족들의 안전과 삶을 위협한다면 그렇게 할 필요가 있을 것입니다.

그러나 우리는 어떤 경우에라도 그들을 위하여 기도하여야 합니다. 그들의 삶에 있어서 선을 위한 영향력이 악을 위한 영향력보다 더 크도록 기도해야 합니다. 우리는 여기서 또한 야고보서 5장 16절에 있는 약속을 주장할 수 있습니다. "의인의 간구는 역사하는 힘이 많으니라." 물론 당신이 기도한다고 해도 그들은 여전히 선과 악 중 하나를 택할 수 있는 선택권을 갖고 있습니다.

그러나 하나님께서는 우리의 삶에서 복잡한 상황들을 도와주실 것입니다. 어떤 때는 기도의 응답이 딱 맞는 시간에 이르러 옵니다. 어떤 때는 그 응답이 오래 걸리고 이해하기 어렵습니다. 많은 경우에 우리는 오직 힘든 경험들을 통해서만 이것을 배워나갈 수 있을 것입니다. 이 교훈을 통하여 우리가 잊지 말아야 할 것들이 있습니다. 우리 마음에 누군가를 위해 무엇을 해야 한다는 생각이 들 때 그 일이 비록 우리에게 희생을 요구한다 할지라도 기꺼이 해야 한다는 것입니다.

누군가 꼭 도움이 필요한 어려운 상황에서 간절히 눈물로 기도하고 있으며 그의 기도를 응답하시기 위해 오늘 내 마음에 하나님께서 말씀하고 계시는지도 모릅니다.

선한 음성, 양심은 하나님의 목소리입니다. 우리가 그것을 거절하므로 다른 이가 기도의 응답을 받지 못하고 어둠 가운데 있도록 해서는 안 될 것입니다. 또 한 가지 기억해야 할 것은 우리 마음에 오는 부담감을 거절하면 하나님은 다른 사람을 쓰실 거라는 것입니다. 다시 말하면 하나님과 동역하여 일할 기회와 축복을 잃는다는 것입니다. 다른 이를 사용하실 수 있는 전능하신 하나님은 나의 행복을 위해 다른 이를 도우라고 부르시는 것입니다. 누군가의 기도의 응답을 위해, 그리고 내 영혼을 위해 그분의 부르심에 순종하도록 하십시오.

나 : "하늘에 계신 우리 아버지시여."
하나님 : 그래!
나 : 방해하지 마세요. 저는 지금 기도하는 중이에요.
하나님 : 하지만 너는 방금 나를 불렀잖니?
나 : 당신을 불렀다고요? 아니오, 단지 기도하고 있을 뿐이었어요.
"하늘에 계신 우리 아버지시여"
하나님 : 그것 봐라. 또 나를 불렀잖니.
나 : 제가 언제요?
하나님 : 방금 "하늘에 계신 우리 아버지시여"라고 했잖니.
그래, 무슨 말을 하고 싶니?
나 : 하지만 거기엔 아무 뜻도 없었어요. 그저, 아시다시피, 오늘을 위한 기도를
주문처럼 외우고 있을 뿐이었어요. 항상 주기도문을 외거든요.
그러면 마치 임무를 완수한 것처럼 기분이 좋아져요.
하나님 : 그래? 알겠다. 그럼, 계속 기도하렴.
나 : 그러죠. "이름이 거룩히 여김을 받으시오며..."
하나님 : 잠깐만! 방금 무슨 뜻으로 한 말이었니?
나 : 뭘요?
하나님 : "이름이 거룩히 여김을 받으시오며"라고 했잖니.
나 : 그건, 그건, 음, 무슨 뜻인지 모르겠네요. 그게 무슨 뜻인지 제가 어떻게 알아요?
그저 주기도문의 일부분일 뿐이지요. 그런데 그게 무슨 뜻이지요?
하나님 : 나의 이름에는 나의 모든 것이 들어있단다. 그래서 나의 이름은 나의 성품이나
마찬가지지. 내 이름이 거룩히 여김을 받는 것은 너의 말과 행동과 생각으로
나의 성품을 거룩하게 드러내는 것을 말하는 것이란다.
나 : 아, 이제 이해가 가네요. 무슨 뜻인지 전에는 몰랐어요. 감사합니다.
"나라에 임하옵시며 뜻이 하늘에서 이루어진 것 같이 땅에서도 이루어지이다."
하나님 : 너 정말로 그렇게 되길 원하니?
나 : 그럼요.
하나님 : 그럼, 그렇게 되기 위해서 무엇을 하고 있니?
나 : 무엇을 하냐고요? 음, 생각해 보니까 아무것도 한 것이 없네요.
제 생각에는 주님이 그 위에서 모든 것을 주관하시는 것처럼 이 밑에서도 모든
것을 좀 주관하셨으면 해요. 아시다시피, 여기엔 불행한 일들이 참 많아요.
하나님 : 그래, 나도 알고 있단다. 내가 먼저 네 마음을 주관하게 해다오.

나 : 네? 무슨 말씀이신지...

하나님 : 네가 하는 말들, 집에서 가족들을 대하는 태도, 급한 성격, 네가 즐겨 보는 것들, 돈 쓰는 문제들을 포함한 너의 모든 것을 내가 돕게 해다오.

나 : 잠깐만요! 저만 갖고 뭐라 그러지 마세요. 저도 교회에 다니는 다른 사람들만큼은 된다고요.

하나님 : 난 네가 나의 뜻이 이루어지기를 바란다고 기도한 걸 들었는데, 정말 그렇게 되려면 너의 뜻과 의지로 나만 선택하고 따라와야 한단다.

나 : 모든 것을 버리고 주님만 따라가라고요? 제가 즐기고 있는 것들이 있는데 그것을 버리지는 못 할 것 같아요. 전 그것들이 좋거든요.

하나님 : 모든 것을 버리라는 것이 아니란다. 너에게 참으로 평안과 기쁨과 행복을 가져다 주는 것을 선택 하라는 뜻이야. 네가 지금 즐겨 하는 것들이 너에게 참 행복을 가져다 주고 있니?

나 : 참 행복이라고요? 아니요, 아니요. 해가 뜨고 나면 허무함을 느끼죠.

하나님 : 그래, 내가 다 안단다. 우리 함께 극복해 나가자꾸나. 네가 정말 자랑스럽단다.

나 : 그런데 하나님! "일용할 양식을 주옵시고"라는 저의 기도에 응답해 주실 거죠?

하나님 : 너는 영의 양식을 먼저 구해야 한단다. 지금 네게 필요한 양식은 성경 말씀이란다. 그 성경을 펴서 너의 갈급한 영혼을 채우렴.

나 : 성경 읽는 것이 습관이 안 되서 한 번 펴기가 쉽지 않네요. 절로 한숨이 나와요.

하나님 : 어느 누구도 너에게 성경을 펴줄 수가 없고, 어느 누구도 너에게서 성경을 빼앗을 수 없단다. 하지만 이걸 기억하렴. 성경 말씀은 너를 향한 나의 마음이라는 것과 너에게 필요한 모든 것을 성경에서 찾을 수 있다는 것을. 지금 선택하렴.
성경을 펴기로...

나 : 잠잠 ....

하나님 : 기도하렴.

나 : 두려워요.

하나님 : 두렵다고? 뭐가?

나 : 주님이 무슨 말씀을 하실지 다 알아요.

하나님 : 그러니?

나 : "우리가 우리에게 죄지은 자를 사하여 준 것 같이 우리 죄를 사하여 주옵시고."

하나님 : 그 사람은 어떻게 할 거니?

나 : 주님께서 그 사람 얘기를 하실 줄 알았다니까요. 주님, 그 여자는 저에게 거짓말을 하고 저에 대한 온갖 헛소문을 퍼뜨렸어요. 또 빌려간 돈은 절대로 안 갚았다고요. 이번 기회에 꼭 버릇을 고쳐줄 거예요!

하나님 : 하지만 너는 기도하지 않았니? 네 기도는 어떻게 되는 거니?

나 : 그럴 맘이... 없어요.

하나님 : 그래, 적어도 넌 솔직하구나. 하지만 미움, 증오, 시기는 너를 힘들게 할 뿐이란다.

나 : 그렇겠죠. 하지만 그 여자에게 복수하고 나면 괜찮아질 거예요. 계획을 다 짜 놓았다고요. 내가 아팠던 만큼 아프게 해줄 거예요!

하나님 : 아니야, 그렇게 한다고 해서 네 기분이 더 나아지지는 않을 거야. 복수는 너의 마음을 결코 위로하지 못한단다. 너 스스로 지금 얼마나 불행한지 알고 있잖니? 내가 너를 행복하게 해줄게.

나 : 행복하게요? 어떻게요?

하나님 : 그 여인을 이해할 수 있는 마음을 달라고 나에게 기도하렴. 그녀를 꼭 붙잡고 있는 사탄의 모습을 생각해 보렴. 죄에 넘어져 너에게 그렇게 할 수 밖에 없었던 그녀를 불쌍히 여기고 용서하렴. 그리고 나서 너도 내가 주는 용서의 경험을 맛보렴. 내가 너와 함께 한 것처럼 내가 그녀를 도울 수 있도록 기도하렴. 그러면 너를 누르고 있는 복수라는 죄에서 너는 자유로워질 것이고 그제야 참된 행복이 무엇인지 깨달을 거란다.

나 : (침묵...그리고 한숨 후) 오, 주님, 당신이 맞습니다. 언제나 주님이 옳으시죠. 그리고 복수하는 것보다도, 전 주님과 올바른 관계를 맺고 싶습니다. (한숨) 맞아요. 그래요, 그녀를 용서하렵니다.

하나님 : 그래, 잘했다! 마음이 평안하다는 걸 느끼니?

나 : 네. 마음이 평안해요. 오늘 밤에는 잠을 잘 잘 수 있을 거예요. 그녀와의 일을 생각하는 동안 잠을 깊이 잘 수 없었어요.

하나님 : 그래, 나도 안다. 아직 기도를 다 안 마쳤지?

나 : 아, 네. "우리를 시험에 들지 말게 하옵시며."

하나님 : 그래, 그래. 내가 그렇게 도와줄게. 단지 시험 받을 만한 곳에 가지 말아야 한단다.

나 : 무슨 뜻이세요?

하나님 : 무슨 뜻인지 다 알잖니.

나 : 네, 알아요.

하나님 : 그래.

나 : "나라와 권세와 영광이 아버지께 영원히 있사옵나이다. 아멘"

하나님 : 어떤 것이 나에게 영광을 돌리는 것인지 이제 너는 알거라고 믿는단다.

나 : 네, 주님만 믿고 주님만 선택하여 주님만 따라갈게요. 오늘 하루 그렇게 살 수 있도록 늘 제 옆에 계셔서 저를 붙들어 주세요.

하나님 : 그래, 오늘 너는 참다운 기도를 했구나. 나를 따라오렴.

나 : 주님, 정말 감사합니다!

1. 기도와 의무 1

한 소년이 물에 빠졌습니다. 구명대가 근처에 있는 나무에 걸려 있었습니다. 그 때 마침 그 곳을 지나가다가 소년을 본 그리스도인은 다음과 같은 조치들을 선택할 수 있습니다.

1. 그는 소년을 구해달라고 기도할 수 있습니다.
2. 그는 소년에게 구명대를 던져줄 수 있습니다.
3. 그는 물 속으로 뛰어들어 직접 구해줄 수 있습니다.
4. 아무 것도 하지 않을 수 있습니다.

이 4가지 조치 중에서 어떤 방법을 택해야 할까요? 만일 그가 수영을 잘 할 수 있다면, 직접 물에 뛰어 들어서 소년을 구하는 것이 최선이라고 생각할 것이고, 만일 수영을 잘 하지 못하거나 물속으로 뛰어드는 것이 최선이라고 생각하지 않는다면, 구명대를 던져 주거나 구명대를 던지고 자신도 물에 들어가서 소년을 도와주려고 할 것입니다. 그러나 그가 어떤 방법을 선택하든지 그는 자신이 하는 일을 잘 감당할 수 있도록 도와달라는 기도를 드리게 될 것입니다. 바로 이러한 태도가 기도와 의무가 잘 조화를 이룬 모습입니다. 그러나 만일 그가 구명대를 던지지도 않은 채 무릎을 꿇고 소년을 구해달라는 기도만을 드리기로 선택한다면, 그는 매우 어리석은 판단을 내렸다고 말해야 할 것입니다.

하나님께서는 우리가 최선을 다하기를 원하십니다. 우리의 뜻 안에서 최선을 다하는 것이 아니라, 당신의 뜻 안에서 최선을 다하기를 원하십니다. 만약 물에 빠진 사람이 자기 앞에 던져진 구명대를 붙잡기를 거절한 채 하나님만을 신뢰한다고 말하면서 기도한다면, 그의 상식과 정신이 의심을 받게 될 것입니다. 하나님께 대한 믿음과 하나님께서 여러분에게 맡기신 의무를 혼돈하지 마십시오. 또한, 의무를 행하는 여러분의 마음과 정신이 하나님의 영의 주관 하에서 인도될 수 있도록 기도하십시오. 바로 이것이 기도와 의무가 조화롭게 균형을 이룬 상태입니다.

2. 기도의 의무 2

우리는 기도를 통하여 하나님께 나아갑니다. 기도는 영혼의 호흡이며 모든 축복의 통로입니다. 회개하는 영혼이 기도를 드릴 때, 하나님께서는 그 투쟁을 보시고 갈등을 지켜보시며, 그 진실성을 주목하십니다. 하나님께서는 그 영혼의 맥박에 손을 얹으시고 모든 고통을 기록하십니다. 감동을 주는 어떤 감정도, 동요를 일으키는 어떤 정서도, 그늘을 가져오는 어떤 슬픔도, 영혼을 더럽히는 어떤 죄도, 생애를 움직이는 어떤 사상이나 목적도, 하나님께서는 다 아십니다. 우리가 정직한 심령으로 그분께 나아가는 한, 그분께서는 우리를 받아주시고 우리의 마음과 생애를 치료해 주십니다. 기도는 우리와 하나님을 연합시킵니다. 기도는 지치고 고달픈 영혼에게 새로운 힘과 신선한 감동을 줍니다.

기도는 우리의 의무와 상식을 대신하지 않습니다. 믿음과 행함이 분리될 수 없는 것처럼, 기도와 행함 역시 분리될 수 없습니다. 하나님께서는 모든 사람에게 기도할 수 있는 특권을 주셨으며, 또한 각자가 해야 할 의무도 주셨습니다. 예를 들면, 하나님께서는 환자가 의사에게 진찰받기를 원하실까요? 아니면 먼저, 환자가 할 수 있는 최선을 다한 다음, 그분께 도움을 요청하길 원하실까요? 아니면, 의사에게 가지 않고 믿음으로 병이 낫기를 기도해야 할까요?

이러한 질문은 한마디로 답변할 수 없는 질문입니다. 하나님께서는 언제나 우리에게 최선을 다하는 태도를 요구하시며, 그러한 우리의 태도에 축복하십니다. 그렇다고 해서, 일이 어려움에 봉착하거나, 성공할 가능성이 희박할 경우에만 하나님께 도움을 청하는 기도를 드려야 한다는 뜻은 아닙니다. 그러한 기도는 비 오는 날에만 기도하는 구두닦이 소년의 기도와 같은 것입니다.

많은 경우에 있어서 기도와 의무는 병행되어야 합니다. 우리는 언제, 무엇을, 어떻게 해야 될지를 하나님께 여쭈어 보면서 우리의 의무를 수행해야 합니다. 마치 어린아이가 어머니에게 도움을 구하듯이 말입니다. 그분의 뜻과 섭리가 무엇인지를 살피면서, 우리의 의무를 수행해야 합니다. 왜냐하면, 하나님께서는 우리 마음대로 밀고 나가다가 스스로 탈진되어 포기 상태에 이르는 것을 원하지 않으시기 때문입니다. 하나님께서는 우리에게 양심과 지성을 주셨으므로, 우리는 그 둘 다를 사용해서 그분과 교통하고 그분의 뜻을 이해해야 합니다.

이제 올바른 기도와 기도 하는 이유, 응답받는 기도에 대해서 알게 되었고, 새로운 각도로 기도에 대하여 생각해 보았을 것입니다. 사람이 공기 없이 살 수 없는 것처럼, 그리스도인은 하나님과의 교통인 기도 없이는 영적으로 살아갈 수 없습니다. 매일 하늘을 향하는 영적인 호흡인 기도로 살아갑시다! 기도로 하나님과 더욱 가까이 교제하는 독자들이 되기를 바랍니다.

성경공부
넘치는 은혜

3장

고통의 이유

정확하게 계산된 고통의 이유와 목적

제1부 성경이 말해 주는 고통의 이유 6가지

이 세상에는 왜 고통이 있을까요? 눈 가는 곳마다 신음하거나 슬퍼하는 이웃들의 소리들이 들려옵니다. 아니 바로 우리 자신들의 고통을 인하여 우리의 눈은 마를 날이 별로 없습니다.

왜 이 세상에는 고통이 있는 것일까요? 더 나아가서, 왜 하나님을 신실하게 믿는 자들에게도 고통이 여전히 존재하는 것일까요? 하나님께서 우리 인류의 고통에 별로 관심이 없으신 것인가요? 우리가 아플 때에 과연 하나님은 어디에 계실까요? 우리의 고난을 과연 아시기나 하시는 것일까요? 이러한 질문들은 때때로 많은 그리스도인의 마음속에서 외쳐지는 절규입니다. 우리들에게는 이러한 질문들에 대한 확실한 답이 필요합니다. 이 책자는 성경이 말해주고 있는 인류의 고통의 이유와 그 의미에 대하여 설명해 줄 것입니다.

1. 고통은 사탄의 도전 때문에 온다.

구약 성경에 나오는 욥은 사탄의 도전 때문에 고통을 당하게 된 대표적인 경우입니다. 욥기 1장에는 사탄이 하늘 총회에 참석하는 장면이 나옵니다. 그 회의에서 사탄은 자신이 이 지구를 두루 다녀 보았는데, 하나님을 진심으로 경외하는 사람들을 이 세상에서 찾을 수 없었다고 주장합니다. "하루는 하나님의 아들들이 와서 여호와 앞에 섰고 사탄도 그들 가운데 왔는지라. 여호와께서 사탄에게 이르시되 네가 어디서 왔느냐? 사탄이 대답하여 가로되 땅에 두루 돌아 여기저기 다녀왔나이다"(욥 1:6,7). 이 때 하나님께서는 사탄에게 욥에 대해서 아느냐고 물으시면서, 욥에 대해서 이렇게 설명하셨습니다. "여호와께서 사탄에게 이르시되 네가 내 종 욥을 유의하여 보았느냐? 그와 같이 순전하고 정직하여 하나님을 경외하며 악에서 떠난 자가 세상에 없느니라"(욥 1:8).

그러나 사탄은 욥이 하나님을 섬기는 이유는 하나님을 진정으로 사랑해서가 아니라 하나님께서 그에게 많은 재물을 주시고 축복하셨기 때문이라고 주장하였습니다. 다시 말해서 욥이 하나님을 섬기는 이유는 자신의 이기적인 욕심을 채우기 위해서 섬긴다는 것이 사탄의 고소였습니다. "주께서 그와 그 집과 그 모든 소유물을 산울로 두르심이 아니니이까? 주께서 손으로 하는 바를 복되게 하사 그 소유물로 땅에 널리게 하셨음이니라"(욥 1:10).

순수한 동기와 양심적인 확신에 의해서 하나님을 섬기는 것이 아니라, 하나님께서 욥을 번영케 하셨으므로, 욥이 그에 대한 답례로서 하나님을 섬기고 경외하는 것이라고 사탄은 주장하였습니다. 그리고 만일 하나님께서 당신의 축복을 욥에게서 거두시면, 그 즉시로 욥은 하나님을 섬기지 않게 될 것이라는 것을 사탄은 고소하였습니다. "이제 주의 손을 펴서 그의 모든 소유물을 치소서 그리하시면 정녕 대면하여 주를 욕하리이다"(욥 1:11).

하나님께서는 당신의 명예를 걸고서 사탄의 이러한 도전을 받아들이셨습니다. 하나님께서는 사탄에게 욥의 몸을 건드리지 않는 선에서 욥을 시험하도록 허락하셨습니다. "여호와께서 이르시되 내가 그의 소유물을 다 네 손에 붙이노라 오직 그의 몸에는 네 손을 대지 말지니라"(욥 1:12). 그리하여 즉시로 사탄은 욥을 시험하기 위해서 욥에게로 내려갔습니다.

재난이 연속적으로 욥에게 떨어지기 시작하였습니다. 갑자기 외적들이 쳐들어 와서 소와 나귀를 다 빼앗고 종들을 죽이는 사건이 일어났으며, 하늘에서 불이 내려와서 양과 종들을 불살라 버렸다는 종들의 말이 마치기도 전에, "또 한 사람이 와서 고하되 주인의 자녀들이 그 맏형의 집에서 식물을 먹으며 포도주를 마시더니 거친 들에서 대풍이 불어와서 집 네 모퉁이를 치매 그 소년들 위에 무너지므로 그들이 죽었나이다 나만 홀로 피한고로 주인께 고하러 왔나이다"(욥 1:18,19). 엄청난 재난의 소식을 연속적으로 전달하는 종들의 말을 듣고 서있는 욥의 심정이 어떠했을까요?

사탄은 그가 할 수 있는 모든 일을 다 했습니다. 그는 욥의 재산뿐만 아니라 자녀들을 빼앗아 갔습니다. 사탄은 욥의 입에서 하나님께 대한 저주가 나오길 기대하였습니다. 그러나 욥은 그렇게 하지 않았습니다. 그 대신에 욥은 "일어나서 겉옷을 찢고 머리털을 밀고 땅에 엎드려 경배하며 가로되 내가 모태에서 적신이 나왔사온즉 또한 적신이 그리로 돌아가올지라 주신 자도 여호와시요 취하신 자도 여호와시오니 여호와의 이름이 찬송을 받으실지니이다 하고 이 모든 일에 욥이 범죄하지 아니하고 하나님을 향하여 어리석게 원망하지 아니하니라"(욥 1:20-22). 사탄은 완전히 실패하였고, 욥에 대한 하나님의 신뢰는 증명되었으며, 욥을 의인이라고 선언하셨던 하나님의 명예는 옹호되었습니다.

욥은 하나님께로부터 무엇을 받기 위해서, 또는 받았기 때문에 하나님을 경외하는 것이 아니라는 사실이 입증되었습니다. 욥의 신앙은 순결한 것이었습니다.

그러나 사탄은 포기하지 않았습니다. 하나님께서 욥이 순결한 신앙을 가지고 있다는 사실을 사탄에게 말씀하셨습니다. "네가 나를 격동하여 까닭 없이 그를 치게 하였어도 그가 오히려 자기의 순전을 굳게 지켰느니라"(욥 2:3). 이러한 하나님의 말씀에 대하여 사탄은 욥이 하나님을 저주하지 않은 이유는 하나님께서 욥의 몸을 건드리지 못하도록 제한하셨기 때문이라고 대꾸하였습니다. "가죽으로 가죽을 바꾸오니 사람이 이 모든 소유물로 자기의 생명을 바꾸올지라 이제 손을 펴서 그의 뼈와 살을 치소서 그리하시면 정녕 대면하여 주를 욕하리이다"(욥기 2:4,5). 하나님께서는 다시 한 번 사탄의 이러한 도전을 받아 들이셨습니다. "내가 그를 네 손에 붙이노라 오직 그의 생명은 해하지 말지니라"(욥 2:6). 다시 한 번 사탄은 욥의 몸에 온갖 고통을 주기 위해서 지구로 달려 내려갔습니다. 인간은 이기적 목적을 위하여 하나님을 경배한다는 자신의 주장을 입증하는 것이 사탄의 목적이었습니다.

사탄은 욥에게 고문을 가하기 시작하였습니다. "사탄이 이에 여호와 앞에서 물러가서 욥을 쳐서 그 발바닥에서 정수리까지 악창이 나게 한지라"(욥 2:7). 욥이 "재 가운데에 앉아서 기와 조각을 가져다가 몸을 긁고 있"는 모습을 보고 있던 욥의 아내는 "당신이 그래도 자기의 순전을 굳게 지키느뇨? 하나님을 욕하고 죽으라"(욥 2:9)고 저주하였습니다. 친구들도 욥을 찾아와서 욥에게 절망적인 말을 남기고 떠나갔습니다. "생각하여 보라 죄 없이 망한 자가 누구인가? 정직한 자의 끊어짐이 어디 있습니까? 내가 보건대 악을 밭 갈고 독을 뿌리는 자는 그대로 거두나니"(욥 4:7, 8). 친구들이 욥에게 던지는 조롱과 비웃음은 그를 정말 참기 어려운 고통 속으로 몰아갔습니다.

욥의 고결한 성품은 흔들리지 않았습니다. 그는 부인에게 다음과 같은 말로 부인에게 권면하였습니다. "그대의 말이 어리석은 여자 중 하나의 말 같도다. 우리가 하나님께 복을 받았은즉 재앙도 받지 아니 하겠느뇨 하고 이 모든 일에 욥이 입술로 범죄치 아니 하니라"(욥 2:10). 욥의 입에서 나온 이 한마디의 말에 의해서, 사탄은 완전히 패배하였습니다. 이러한 이유 때문에 사탄은 더 이상 욥기에 등장하지 않습니다. 사탄은 하나님께 죄를 범하기 보다는 차라리 죽음을 택했던 욥을 이길 수가 없었습니다. "그가 나를 죽이실지라도 나는 그를 신뢰하리라 ... 이는 내가 알기에 나의 구속자가 살아계시나니 후일에 그분께서 땅 위에 서실 것임이라. 내 살갗이 뭉그러져 구더기들이 이 몸을 파괴한 뒤에도 내가 내 육체 안에서 하나님을 보리라."(욥 13:15; 19:25,26 KJV).

욥은 하늘에서 사탄이 하나님께 도전했던 사실을 몰랐습니다. 그는 시련과 고통을 대하는 자신의 태도 여하에 따라서 하나님 또는 사탄이 승리한다는 사실을 알지 못했습니다. 또한 하늘에서 하나님과 사탄 사이에 오고 간 대화를 들은 모든 천사가 자신을 지켜보고 있었던 사실도 몰랐습니다. 그가 알았던 것은 아무런 이유 없이 재난이 자신에게 닥쳤다는 사실뿐이었습니다. 그러나 그는 자신의 양심에 비추어서 최선이라고 생각되는 태도를 나타냈습니다. 그의 주변에서 일어난 상황이 전혀 이해되지 않았지만, 자신이 알고 있는 진리의 빛에 따라서 행동하였습니다.

고통을 당하고 있는 형제자매들이여, 욥의 모본을 따르십시오. 욥은 자신에게 어떤 죄가 있기에 이러한 재난이 이르러 왔는지를 깊이 생각하였습니다. 그러나 아무리 생각해도 자신이 당한 재난의 이유와 원인을 이해할 수 없었습니다. 그러므로 여러분 역시 고통의 이유가 여러분 자신의 죄나 부족함에 있는지를 깊이 살피십시오. 만일 어떤 특별한 이유 없이 고통이나 재난이 닥쳐왔다고 생각되면, 여러분도 욥처럼 "그가 나를 죽이실지라도 나는 그를 신뢰하리라."라고 말함으로써, 여러분을 향한 사탄의 도전을 물리치십시오.

2. 고통은 회개하지 않았기 때문에 온다.

고통이나 심판이 하나님께로부터 직접 임하는 경우는 매우 드뭅니다. 예수님께서 빌라도에 의해서 죽임을 당했던 갈릴리 사람들에 대해서 말씀하셨던 것을 상기해 봅시다 "그 때 마침 두어 사람이 와서 빌라도가 어떤 갈릴리 사람들의 피를 제물에 섞은 일로 예수님께 고하고"(눅 13:1). 역사가 요세푸스의 기록을 보면, 그 당시 빌라도가 수많은 사람을 성전에서 살해했던 사실을 확인할 수 있습니다. 그들은 하나님께 제사를 드리던 도중에 성전에서 죽임을 당했습니다. 그래서 사람들은 이런 일이 그들에게 일어난 것을 보면, 그들은 틀림없이 다른 사람들보다 더 악한 죄인일 것이라고 생각하였습니다.

그러나 예수님께서는 말씀하시기를, "가라사대 이 갈릴리 사람들이 이같이 해 받음으로써 모든 갈릴리 사람보다 죄가 더 있는 줄 아느냐? 너희에게 이르노니 아니라 너희도 만일 회개치 아니하면 다 이와 같이 망하리라"(눅 13:2,3). 계속되는 예수님의 말씀을 들어 보십시오. "또 실로암에서 망대가 무너져 치어 죽은 열여덟 사람이 예루살렘에 거하는 모든 사람보다 죄가 더 있는 줄 아느냐? 너희에게 이르노니 아니라 너희도 만일 회개치 아니하면 다 이와 같이 망하리라"(눅 13:4,5). 갈릴리 사람들의 죽음과 실로암 망대에 치어 죽은 사람들은 죄를 범했기 때문에 형벌을 받았다기 보다는, 회개하지 않았기 때문에 형벌을 받고 죽었다는 것이 그들의 죽음에 대한 예수 그리스도의 설명입니다.

우리는 어떤 죄로 인하여 갈릴리 사람들이 형벌을 받았는지 모릅니다. 이 이야기가 우리에게 주는 교훈은 하나님의 말씀을 듣고 회개하지 않는 자들은 모두 그와 같이 멸망 당하게 된다는 것입니다. 이 말씀은 갈릴리 사람들이 회개하지 않아서 멸망 당한 것을 지적하신 예수님의 말씀으로, 만일 우리도 회개하지 않으면 그들처럼 멸망 당할 것을 경고하시기 위하여 주신 것입니다. 그들은 우리보다 더 악한 죄인들이 아니었습니다. 그러나 그들은 형벌을 받았습니다. 만일 우리도 회개하지 않으면 똑같은 일이 우리에게 임할 수 있습니다. 형벌이 우리의 생애 동안에 임하지 않는다고 해서 우리가 그들보다 선하다고 착각하지 말아야 합니다. 최후의 심판 날에는 반드시 회개하지 않은 죄에 대하여 보응 받게 될 것입니다. 왜냐하면 죄의 삯은 사망이기 때문입니다.

동일한 교훈이 실로암 망대에 치어 죽은 사람들의 이야기에도 적용됩니다. 성전에서 종교적인 행위인 제사를 드리고 있었던 사람들과 그렇지 않은 사람들 사이에 별다른 차이가 없어 보입니다. 종교를 가지고 있던, 가지고 있지 않던 간에 회개하지 않는 자들은 모두 이와 같이 멸망 당한다는 교훈을 얻을 수 있습니다.

여러분에게 시련과 고통이 있습니까? 혹시 회개하지 않은 죄가 있는지 살펴보도록 하십시오. 여러분이 그리스도인이든지 아니든지를 막론하고 회개하지 않는 죄에 대해서 여러분은 언젠가 그 대가를 지불해야만 하기 때문입니다.

3. 고통은 하나님의 영광을 드러내기 위하여 온다.

날 때부터 소경 된 사람의 이야기는 고통의 이유에 대한 또 다른 면을 우리에게 말해 줍니다. 이 일화가 주는 교훈은 죄의 문제나 회개가 아닙니다. 여기에는 하나님의 섭리와 계획에 의해서 고통이 올 수 있으며, 고통을 당하고 있는 당사자는 믿음을 통하여 그 고통에서 해방되고 치유될 수 있다는 놀라운 교훈이 담겨 있습니다.

제자들은 그 사람이 소경이 된 이유를 죄의 문제와 결부시켰습니다. "랍비여 이 사람이 소경으로 난 것이 뉘 죄로 인함이오니이까? 자기오니이까? 그 부모오니이까?" 그 사람은 자신이나 부모의 죄로 인하여 소경이 된 것이 아니었습니다. 예수님께서는 "이 사람이나 부모가 죄를 범한 것이 아니라 그에게서 하나님의 하시는 일을 나타내고자 하심이니라."고 대답하셨습니다(요 9:3). 그 사람은 하나님께서 병든 자에게 어떤 치유의 기적을 베풀 수 있는지를 보여 주시기 위해서 소경 된 사람이었습니다. 그리하여 다른 사람들로 하여금 하나님의 놀라운 역사에 대하여 영광을 돌리도록 하기 위해서 말입니다.

하나님께서는 당신의 아들이신 예수님께서 봉사 사역을 시작하실 때, 그 소경이 믿음을 가지고 예수님께 나오기를 기다리고 계셨습니다. 드디어 그 사람은 믿음을 가지고 예수님께 나왔으며, 치유함을 받았습니다. 하나님의 영광을 이 땅에서 드러내기 위하여 소경이나 앉은뱅이가 되는 특권(고통)을 받은 불구자들이나 환자는 믿음을 가지고 주님께 나올 때 즉시로 치유 받을 수 있습니다.

그렇다고 해서 모든 소경이나 절름발이, 그리고 앉은뱅이들에게 신실한 그리스도인이 되면, 치유함을 받게 될 것이라고 말해서는 안 됩니다. 그러한 사람들에게 "당신이 치유함을 받지 못하는 이유는 믿음이 없기 때문"이라고 말할 수는 없습니다. 어떤 사람이 불구자로 평생을 살다가 죽었다고 해서 "그는 믿음이 없는 사람이다"고 말해서는 안 됩니다. 왜냐하면 우리는 그들이 불구자가 된 진정한 이유를 모르며, 왜 하나님께서 그들의 기도에 응답해 주시지 않는지를 알 수 없기 때문입니다.

그러므로 어느 누구도 하나님께서 예정하신 시간이 이르기 전에 서두르지 말아야 합니다. 잘못된 희망을 가지고 서두르면, 실망하게 될 것입니다. 조용히, 그리고 신뢰하는 마음을 가지고 하나님의 섭리를 기다리는 것이야말로 하나님께 대한 가장 강력한 믿음의 행사입니다.

4. 고통은 우리의 유익을 위하여 온다

바울의 경우는 때때로 우리 자신의 유익을 위하여 고통 받을 수 있다는 사실을 우리에게 보여 줍니다. 바울은 신실한 종이었습니다. 하나님의 사역을 위하여 훌륭하게 쓰임을 받은 사람이었습니다. 그러나 그 역시 연약한 인간이었습니다. 하나님께서는 바울이 이룩한 놀라운 사역과 희생에 대하여 스스로 교만해질 수 있는 위험을 보셨습니다. 하나님께서는 바울이 스스로 자신을 높일 뿐 아니라, 다른 사람들에 의해서 높여질 위험을 아셨던 것입니다. 그래서 바울에게 육체의 가시를 허락하셨습니다. 우리는 그 가시가 구체적으로 무엇인지는 모르지만, 그것이 바울의 육체를 매우 괴롭혔었다는 사실은 알 수 있습니다.

가시를 몸에 가지고 다녀 보셨습니까? 얼마나 불편하고 고통스러운가요? 바울은 세 번이나 그 육체의 가시를 제거해 달라고 하나님께 기도하였습니다. 그러나 하나님께서는 그것을 바울의 육체에 그대로 남겨 두는 것이 최선이라고 결론지으셨습니다. 하나님께서는 단지 "내 은혜가 네게 족하다"라고만 말씀하셨습니다. 그래서 그 가시는 바울의 육체 속에 일평생 동안 남아서 고통을 주었습니다. 바울이 "사탄의 사자"라고 불렀던 그 육체의 가시는 하나님의 신실한 종의 구원을 위하여 남겨진바 되었습니다. "여러 계시를 받은 것은 지극히 크므로 너무 자고 하지 않게 하시려고 내 육체에 가시 곧 사탄의 사자를 주셨으니 이는 나를 쳐서 너무 자고 하지 않게 하려 하심이라 ... 내가 세 번 주께 간구하였더니 내게 이르시기를 내 은혜가 네게 족하다 내 능력이 약한데서 온전하여짐이라 하신지라"(고후 12:7-9).

바울은 많은 계시를 받았던 사도입니다. 그로 인하여 사도 바울이 자고 하게 되고 다른 사람들도 그가 하나님의 특별한 은총을 받은 사람이라고 생각할 위험이 있었습니다.

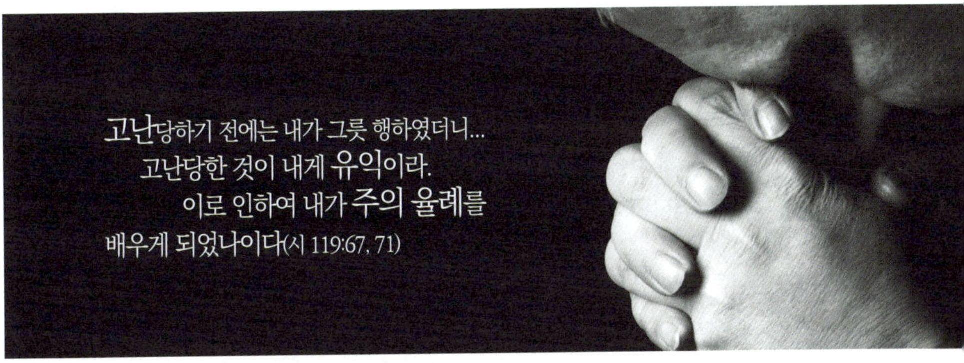

이러한 위험을 방지하기 위하여 하나님께서 그에게 육체의 가시를 주셨습니다. 슬픈 일은 위대하다는 평가를 받는 사람일수록 교만에 빠지기 쉽다는 것입니다. 그러나 하나님께서는 그런 경우들을 다루시는 법을 아십니다.

가장 많은 신약 성경을 기록하였고, 제자들과 사도들 중에서 가장 많은 전도 여행을 하였던 위대한 사도 바울의 기도도 응답되지 않았는데, 오늘날 많은 사람은 기도가 응답되지 못하는 것은 믿음의 부족이라고만 생각하는 경향이 있습니다. 병을 낫게 해달라는 기도를 드려도 치유를 얻지 못하는 이유는 믿음이 부족하거나 회개하지 않았기 때문이라고 몰아 부치는 것은 매우 비성경적입니다. 왜냐하면 아무도 그 병자에 대한 하나님의 계획을 정확하게 알 수 없기 때문입니다. 여러분이 정말 순수한 믿음이 있다면, 그리고 여러분이 진정 하나님의 성품을 신뢰한다면, 온 마음을 다하여 그분의 섭리와 계획을 있는 그대로 받아들이십시오.

바울이 자신의 육체 속에 박혀 있는 가시에 대해서 성경에 기록한 이유는, 하나님께서 우리에게 왜 고통을 허락하시는지에 관한 이유를 설명하기 위해서입니다. 하나님께서는 우리를 겸손하게 낮추기 위한 경험이 어떤 것이며, 또한 언제 그러한 경험들이 필요한지를 아십니다. 그러한 경험들이 우리에게 찾아올 때, 우리는 바울을 생각하면서 "하물며 바울과 같은 사람도 육체의 가시가 필요했는데, 나처럼 연약하고 쉽게 교만해질 수 있는 사람에게는 육체의 가시가 더욱 필요하지 않겠는가?"라고 말하도록 하십시오. 바울과 같은 위대한 그리스도인에게도 육체의 가시가 필요했다면, 과연 어떤 사람이 육체의 가시에 대해서 불평할 수 있겠습니까?

그러므로 고통은 우리 자신의 유익을 위해서 찾아옵니다. 교만은 우리의 영혼에 깊은 상처를 줍니다. 많은 경우에 있어서, 교만을 치료하기 위해서 하나님께서 자주 사용하시는 치료책은 우리의 육체에 가시를 허락하는 것입니다. 그러나 이것은 우리에게 유익이 될 수도 있고, 그렇지 않을 수도 있습니다. 결과는 우리 자신에게 달려 있습니다. 왜냐하면 가시를 허락하신 하나님의 뜻을 모른 채 불평과 불만의 세월을 보낼 수도 있고, 그분의 뜻에 감사하면서 보다 성숙한 그리스도인으로 성장할 수도 있기 때문입니다. 그러나 그 결과가 어떠하든지 간에 하나님의 입장에서는, 당신께서 우리의 몸에 가시를 허락하심으로써, 우리를 위하여 하실 수 있는 모든 일을 다 하신 것입니다.

그리스도인들은 시험을 당할 때에 그 이유를 찾아보아야 합니다. 그러나 몇 년이 지났는데도 불구하고 시련에 대한 만족할만한 대답을 발견하지 못하는 경우에도, 우리는 여전히 하나님께 대한 믿음을 잃어버리지 말아야 합니다. 바울은 그가 살아있는 동안에 육체의 가시가 제거되지 않는 이유를 발견하였지만, 어쩌면 우리는 예수님께서 재림하시는 그 날까지 우리가 당하고 있는 고통의 이유를 알 수 없을 수도 있습니다. 그 때까지 우리는 기도를 통하여 우리의 비통함과 슬픔을 이해하시며 동정하시는 그분의 위로를 받음으로써 견디어야 합니다. 예수님께서는 우리와 같은 육체를 취하시고 이 땅에 사시는 동안 우리와 동일한 시험과 고통을 경험하셨기 때문에 우리를 위한 중보자가 되실 수 있었습니다. 시험을 겪었던 사람만이 시험 받는 자를 진정으로 위로할 수 있습니다.

여러분은 지금 고통의 터널을 통과하고 있습니까? 어쩌면 여러분은 지금보다 더 겸손하고 온유한 그리스도인으로 변화되기 위하여 고통의 훈련학교에 입학한지도 모릅니다. 마음을 낮추고 왜 여러분에게 이러한 고통이 제거되지 않는지를 기도해 보십시오. "고난 당하기 전에는 내가 그릇 행하였더니 ... 고난 당한 것이 내게 유익이라. 이로 인하여 내가 주의 율례를 배우게 되었나이다"(시 119:67,71).

5. 고통은 더 나은 봉사를 위하여 온다.

이상하게 들릴지 모르지만, 다른 사람들을 위하여 우리가 고통과 질병을 가질 수도 있습니다. 그것은 고통 중에서 가장 거룩하고 가치 있는 고통인데, 우리는 그러한 고통을 "대리 고통"(Vicarious Suffering)이라고 부릅니다.

바울은 모든 면에 있어서, 예수님의 발자취를 따른 종이었습니다. 그는 다른 제자들보다도 고통에 관하여 더 높고 많은 교훈을 배운 사도이었던 것 같습니다. 다른 제자들은 어려움과 고통을 인내하라고 권면하였지만, 바울은 한걸음 더 나가서 고통의 시간을 즐기라고 말하였습니다(롬 12:12; 골 1:24). 이러한 면에서 바울은 예수 그리스도와 매우 유사한 경험을 가지고 있다고 말할 수 있습니다. "나를 인하여 너희를 욕하고 거짓으로 너희를 거스려 모든 악한 말을 할 때에는 너희에게 복이 있나니"(마 5:11).

예수님의 고통은 대리적인 고통이었습니다. 그분의 고통은 자신의 유익이나 죄로 인한 것이 아니고, 전적으로 다른 사람을 위한 것이었습니다. 십자가에서 인내하시고 모욕을 당한 것도 전적으로 우리를 위한 것이었습니다. 그분의 전 생애가 다른 사람들을 위한 것이었습니다. 그리스도인은 바로 그러한 분의 발자취를 따르는 자들입니다.

그렇다면, 우리가 어떻게 다른 사람들의 유익을 위해서 고통을 받을 수 있습니까? 다른 사람을 위해서 고통을 받는 것이 가능한 일입니까? 그렇습니다. 바울은 복음을 설명하면서 바로 이 점을 강조하였습니다.

"나 바울은 이 복음의 일꾼이 되었노라. 내가 이제 너희를 위하여 받은 괴로움을 기뻐하고 그리스도의 남은 고난을 그의 몸 된 교회를 위하여 내 육체에 채웠노라. 내가 교회 일꾼 된 것은 하나님이 너희를 위하여 내게 주신 경륜을 따라서 하나님의 말씀을 이루려 함이니라. 이 비밀은 만세와 만대로부터 옴으로 감추었던 것인데, 이제는 그의 성도들에게 나타났고 하나님이 그들로 하여금 이 비밀의 영광이 이방인 가운데 어떻게 풍성한 것을 알게 하려 하심이라 이 비밀은 너희 안에 계신 그리스도시니 곧 영광의 소망이니라. 우리가 그를 전파하여 각 사람을 권하고 모든 지혜로 각 사람을 가르침은 각 사람을 그리스도 안에서 완전한 자로 세우려 함이니 이를 위하여 나도 내 속에서 능력으로 역사하시는 이의 역사를 따라 힘을 다하여 수고하노라"(골 1:23-29).

24절에서 "너희를 위하여 받은 괴로움"을 기뻐할 뿐만 아니라, "그리스도의 남은 고난을 그의 몸 된 교회를 위하여 내 육체에 채우노라"고 말한 바울의 간증을 주목해 보십시오. 바울은 타인을 위하여 고통을 받았으며, 또한 그의 몸 된 교회를 위하여 고난을 육체에 채웠습니다. 그의 이러한 소원은 "내가 그리스도와 그의 부활의 권능과 그 고난에 참예함을 알려하여 그의 죽으심을 본받아 어찌하든지 죽은 자 가운데서 부활에 이르려 하노니"(빌 3:10,11).

바울은 "고난에 참예함과 그의 죽으심을 본 받"기를 열망하였습니다. 다른 사람들을 위하여 고난 받다가 죽는 것. 이것이야말로 삶의 최고의 목표입니다. 물론, 바울은 고난을 통과하는 자신의 희생이나 공로를 통해서 자신이 구원받을 수 있다고 믿는 사람은 아니었습니다. 그는 자신이 사랑하는 구세주께서 주신 진리와 함께 고통당하기를 원했으며, "고난에 참예하는 것"이 무엇인지를 알기 원했습니다. 그리스도처럼 자신도 대리적인 고난과 죽음의 길을 걸음으로써, 그리스도의 경험을 진정으로 이해하기 원했던 것입니다.

고통을 기뻐해야 할 이유

고린도 교인들에게 보냈던 두 번째 편지에서 바울은 자신의 신앙이 고난을 통하여 어떻게 승화되었는지를 보여주고 있습니다. 바울의 경험은 고난 속에서 하나님께 받은 위로를 다른 사람에게도 나누어 주고자 하는 열망으로 가득 찰 정도로 발전되었습니다. 이러한 경험은 바울의 봉사에 있어서 새로운 장을 열어 주었습니다. 그는 자신이 고통을 많이 받을수록 시련과 슬픔 중에 있는 사람들을 더 잘 이해할 수 있게 준비되는 것을 깨닫게 되었습니다. 예수님께서 고난을 통하여 다른 사람들을 어떻게 돕고 어떻게 동정하실 줄을 배우셨던 것처럼, 바울 역시 고난을 통하여 다른 사람들을 도울 수 있는 그리스도인으로 변화되었습니다.

"찬송하리로다. 그는 우리 주 예수 그리스도의 하나님이시요 자비의 아버지시요 모든 위로의 하나님이시며, 모든 환난 중에서 우리를 위로하사 우리로 하여금 하나님께 받은 위로로써 모든 환란 중에 있는 자들을 능히 위로 하게 하시는 이시로다. 그리스도의 고난이 우리에게 넘친 것같이 우리의 위로도 그리스도로 말미암아 넘치는도다. 우리가 환난 받는 것도 너희의 위로를 위함이니 우리의 소망이 견고함은 너희가 고난에 참예하는 자가 된 것같이 위로에도 그러할 줄을 앎이라"(고후 1:3-7).

여기에서 바울은 고통을 다른 사람들을 위해서 받는 것으로 묘사하고 있습니다. 바울은 다른 사람의 위로와 구원을 위해서 고통을 받았습니다. 그는 자신이 받는 고통을 통하여 다른 사람들을 보다 효과적으로 도울 수 있는 그리스도인으로 변화된다는 것을 알았기에, 고통 중에서도 즐거워할 수 있었던 것입니다. 그는 자신이 받고 있는 고통에 마음을 쓰기보다는, 고통을 통하여 자신이 좀 더 동정적이고 자비로운 사람으로 변화된다는 사실로 인하여 감사하였습니다. 바울은 고통을 통하여 고통 받는 자들의 심정을 좀 더 정확하게 헤아릴 수 있게 되었으며, 더욱 유능한 전도자가 될 수 있었습니다. 고통은 봉사를 위한 준비 과정입니다. 바로 이러한 이유 때문에 그리스도께서도 고통을 받으셨던 것입니다.

"자기가 시험을 받아 고난을 당하셨은즉 시험 받는 자들을 능히 도우시느니라"(히 2:18). 예수 그리스도께서 연약한 육체를 쓰시고 이 땅에 오신 것은 인류를 위한 봉사를 위함이었습니다. "저가 무식하고 미혹한 자를 능히 용납할 수 있는 것은 자기도 연약함에 싸여 있음이니라"(히 5:2). 바로 이러한 이유 때문에 그리스도께서 우리를 위한 대제사장과 중보자가 되실 수 있었던 것입니다. "그가 아들이시라도 받으신 고난으로 순종함을 배워서 온전하게 되었은즉 자기를 순종하는 모든 자에게 영원한 구원의 근원이 되시고"(히 5:8,9).

사람은 자신이 이해할 수 있는 한계 내에서 다른 사람들을 도와줄 수 있습니다. 투병 생활을 해보지 않은 사람은 병자들의 느낌과 절망을 이해할 수 없습니다. 예수님께서는 "시험 받는 자들을 능히 도우"셨는데, 왜냐하면 "자기가 시험을 받아 고난을 당하셨"기 때문입니다(히 2:18). 예수님께서는 가장 많은 고통을 당하신 분이시기 때문에, 다른 어떤 사람보다도 우리를 가장 효과적으로 위로해 주실 수 있는 분이십니다. 그분은 고난의 왕이시며, 또한 위로의 왕이십니다.

바울이 그토록 선망했던 것이 바로 이 경험이었습니다. 그는 그리스도께서 경험하셨던 그 방법 외에는 자신이 다른 사람들을 자비롭고 은혜스럽게 도와줄 수 있는 사람으로 변화될 수 없다는 사실을 깨달았습니다. 또한 그는 고난의 경험을 통하여 그리스도의 경험을 알게 되기를 소원하였습니다. "그 부활의 권능과 그 고난에 참예함을 알려 하여 그의 죽으심을 본받아"(빌 3:10). 바로 이러한 이유 때문에, 바울은 고통 중에서도 즐거워할 수 있었으며, 남겨진 육체의 가시에 대하여 만족한 마음을 가질 수 있었던 것입니다.

고통은 특권이다

어떤 사람들은 그리스도와 함께 고난에 참예하는 것을 부담스럽게 생각할지도 모릅니다. 만일 그렇다면 사도 바울의 다음과 같은 말을 들어 보아야 합니다. "그리스도를 위하여 너희에게 은혜를 주신 것은 다만 그를 믿을 뿐 아니라 또한 그를 위하여 고난도 받게 하심이라. 너희에게도 같은 싸움이 있으니 너희가 내 안에서 본 바요 이제도 내 안에서 듣는 바니라"(빌 1:29,30). 바울은 여기서 고난을 특권이라고 부르고 있습니다. 그리스도인은 그리스도를 믿어서 구원을 얻는 특권도 받지만, 그분과 그분의 진리를 위하여 고통을 받는 특권도 동시에 받는 것입니다. 고통을 이러한 관점에서 보는 그리스도인들이 너무나 적습니다. 만일 우리가 고통을 이러한 관점에서 볼 수 있다면, 우리는 하나님의 말씀에 대한 순종으로 인하여 당하게 되는 모든 고통 속에서 오히려 즐거워하게 될 것입니다.

고통을 모르는 사람은 아직 인생을 모르는 사람입니다. 고통을 모르는 사람은 쉽게 낙심하게 되며, 고난 중에 있는 사람의 마음을 이해할 수도 없고, 위로해 줄 수도 없습니다. 깎아지른 듯한 벼랑의 끝에서 아래를 내려다 본 경험이 있는 사람만이, 그와 비슷한 경험을 통과하는 사람들을 이해할 수 있고, 또한 도와줄 수 있습니다. 여러분은 지금 고통 중에 있습니까? 그렇다면, 혹시 지금 하나님께서 여러분을 더 나은 봉사를 위해서 준비시키고 있는지도 모릅니다. 마음을 겸손히 낮추고, 여러분을 향한 하나님의 완전하신 뜻이 무엇인지를 조용히 생각해 보십시오.

6. 고통은 법을 범한 결과로 온다

지금까지 우리는 고통과 질병이 일어나는 다섯 가지 이유에 대해서 살펴보았습니다. 지금까지 살펴본 이러한 이유들은 특별한 경우들이며, 대부분의 경우 고통이나 질병은 직접적으로 또는 간접적으로 하나님의 율법이나 자연 법칙들을 범하는 결과로서 옵니다. 고통이나 질병이 하나님께로부터 직접 오는 경우는 흔치 않습니다. 많은 경우에 있어서, 인간 스스로가 그들의 고통에 대한 원인을 제공합니다. 노아 홍수나 소돔과 고모라 성의 멸망, 그리고 바로의 군사들이 홍해에서 수장 당한 사건처럼 하나님께서 직접 관여하실 때에는 분명한 목적과 공의 하에서 이루어집니다. 하나님의 진노의 잔이 넘칠 때, 멸망이 이르러 온 경우가 성경에 기록되어 있지만, 그러한 경우는 매우 드물며 대개의 경우 고통의 원인은 인간 스스로에게 있습니다.

그러므로 질병이 발생하면, 먼저 자신이 율법과 자연 법칙 중에서 어떤 것을 범했는지를 신중하게 살핀 다음에 잘못된 것들을 회개하거나 개혁해야 합니다. 이러한 태도야말로 건전한 상식이자 올바른 신앙 자세입니다. 여기서 자연 법칙이란 생명의 법칙을 말하는 것으로서, 순종하면 살고, 범하면 죽게 되는 철칙을 의미합니다.

율법이란 하나님과 사람에 대한 사랑의 도덕률을 말하며, 자연 법칙이란, 물고기가 물에서 살면 살고, 물 밖으로 뛰어 나오면 죽는 것과 같은 법칙을 말합니다. 고압선을 만지면 죽는다는 법칙을 알고 있는 사람이 고의적으로 전깃줄을 만져서 죽었을 경우에, 우리는 그 사람의 죽음에 대한 책임을 하나님께 돌려서는 안 됩니다. 만약 어떤 사람이 독버섯을 먹는다면, 그는 자신의 어리석은 행동의 대가를 지불하게 될 것입니다. 이러한 생명의 법칙은 우리가 그것을 무시할 경우에 반드시 그 대가를 지불

할 것을 요구합니다. 우리가 법칙을 지키면, 그것은 우리를 지켜주는 충실한 종이 되지만, 그것을 어겼을 경우에는 무서운 주인이 됩니다.

자연 법칙을 어겼다고 해서 항상 즉각적인 대가를 지불하게 되는 것은 아닙니다. 때때로 몇 년 후에 그 결과를 받게 되는 경우도 종종 있지만, 전혀 그 결과가 없이 사라지는 경우는 단 한 번도 없습니다. 우리가 그것을 어긴 결과를 느끼든지 느끼지 못하든지간에 그것은 항상 결과를 남깁니다. 그러므로 자연 법칙은 그것을 어겼을 경우, 그 결과가 지연될 수는 있어도 피할 수는 없다는 사실을 알아야 합니다. 어떤 사람이 20대에 무엇을 뿌렸다면, 40대 혹은 50대에 가서는 그 결실을 거두게 됩니다. 많은 사람은 자신들이 뿌려 놓고서, 그 결과가 생기지 않기를 희망하지만 그러한 희망은 헛된 것입니다. 세상이 존재하는 한 하나님께서 이 세상에 세워 놓으신 자연 법칙 또한 존재하게 될 것입니다.

어떤 사람들은 이 자연 법칙은 하나님의 섭리와 목적에 따라서 변경될 수 있는 것으로 말하면서, 하나님께서 모세와 이스라엘 백성을 구원하시기 위하여 홍해를 갈라놓는 기적을 행사하심으로써, 자연 법칙을 파괴하셨다고 주장합니다. 정말 그런가요? 하나님께서는 당신께서 세워놓으신 법칙은 결코 파괴하는 분이 아닙니다. 공기보다 무거운 물체는 중력에 의해서 공중에 뜰 수 없다는 자연 법칙이 존재합니다. 그러나 공기보다 훨씬 무거운 보잉 747 점보제트기가 하늘을 날지 않습니까? 비록 공기보다 무거운 쇠 덩어리일지라도 그것에 적당한 크기의 날개를 부착하고 빠른 속력으로 활주로를 달려가면 양력을 받아서, 공중에 날 수 있다는 또 다른 자연 법칙이 존재합니다. 쇠 덩어리는 바다 속으로 가라앉는다는 자연 법칙이 존재하지만, 엄청난 무게의 유조선을 조선공학적으로 잘 설계하면 부력을 받아서 바다 위에 뜰 수 있다는 또 다른 자연 법칙이 존재합니다. 우리가 알고 있는 자연 법칙 안에서 모든 현상을 해석하려고 하는 어리석음을 범치 마십시오. 하나님의 지혜와 능력을 인간의 어리석은 꾀 안에 가두어 놓으려고 하지 마십시오. 하나님께서는 영원 전에 당신께서 이 우주에 세워 놓으신 자연 법칙 안에서 자유롭게 기적을 행사하실 수 있는 전지전능한 신이시라는 사실을 잊지 마십시오.

하나님의 율법도 이와 마찬가지입니다. 하나님의 율법인 십계명도 결코 변경되거나 폐하여질 수 없는 우주의 법칙입니다. 어떤 사람들은 예수 그리스도의 사랑의 봉사를 가리키면서, 이제는 율법이 폐하여졌으므로 더 이상 율법을 지킬 필요가 없다고 말하지만, 예수님께서는 "내가 율법이나 선지자나 폐하러 온 줄로 생각지 말라 폐하러 온 것이 아니요 완전케 하려 함이로라. 진실로 진실로 너희에게 이르노니 천지가 없어지기 전에는 율법의 일점일획이라도 반드시 없어지지 아니하고 다 이루리라."고 지금도 선언하고 계십니다(마 5:17,18). 자연 법칙을 범하였을 경우에 고통을 당하거나 생명을 잃어버리는 것처럼, 율법을 범하였을 경우에는 그에 대한 대가를 반드시 지불해야 하는데, 성경은 그 대가를 "죄의 삯은 사망"이라고 선언하고 있습니다.

율법을 범하는 삶을 살아가는 자들은 결국에는 지옥의 형벌을 받게 되지만, 이 세상에 사는 동안에도 그 결과를 받을 수 있습니다. 예를 들면, "네 이웃을 사랑하라."는 다섯째 계명을 범하는 사람의 마음속에서는 용서의 정신이 사라지게 됩니다. 미움과 원통함이 온 마음과 정신을 지배하게 됩니다. 그 결과, 혈압이 올라가고, 심장에 무리가 가며, 갑상선에 이상이 생기고, 몸과 마음이 오랜 기간 동안 스트레스를 받게 되어서, 결국에는 각종 질병과 고통이 여러분을 찾아오게 됩니다.

하나님께서 불쾌히 여기시는 삶을 사는 사람들에게도 한동안 아무런 형벌이나 문제가 생기지 않을 수 있습니다. 그러한 사람들은 자신들이 원하는 대로 먹고, 마시고, 시집 장가간 다음, 그 결과로 인하여 치명적인 문제가 발생할 때까지 자신의 길을 걸어가게 됩니다. 노아의 시대에 하나님께서 불쾌히 여기시는 아무런 징조도 없이 120년을 지낸 후에 갑자기 홍수가 이르러 왔던 것처럼, 쾌락과 자기중심의 삶을 사는 사람들에게 지금 현재는 어떤 특별한 징계가 없는 것처럼 보일지라도, 죄악의 잔이 차는 순간, 그들은 스스로 헤어 나오기 어려운 고통과 고뇌의 경험을 갖게 됩니다.

비록 신실한 그리스도인이라고 할지라도 하나님의 율법과 자연 법칙에 불순종할 때에는 그에 해당하는 결과를 받게 됩니다. 예를 들면, 열심히 일하는 자만이 수확하게 된다는 것은 자연 법칙입니다. 그러므로 열심히 일하지 않고 기도만 하면서, 좋은 열매와 결과를 기대해서는 안 됩니다. 또한 그리스도인들도 불신자들과 마찬가지로 유전법칙에 의거하여 병약한 유전인자를 부모로부터 물려받을 수 있습니다. 그들도 사고를 당하고, 불신자들이 걸리는 똑같은 질병에 들어 죽게 됩니다. 그렇다면, 육체적인 면에서 볼 때, 그리스도인들이 당하는 고통과 불신자들이 당하는 고통에 어떤 차이가 있습니까?

이 질문은 매우 신중하게 다루어져야 합니다. 위에서 언급했던 것처럼, 하나님께서는 모든 인류에게 동일한 자연 법칙을 주셨습니다. 그러므로 그리스도인의 고통과 불신자의 고통 사이에 눈에 보이는 어떤 차이가 있다면, 각자가 어떤 반응과 태도를 나타내는가에 있지, 결코 하나님께서 그들 각자에게 적용시키는 자연 법칙에 차이가 있는 것은 아닙니다. 다시 말하자면, 이 세상에 있는 어느 누구도 그의 생애에 다가오는 재난과 고통으로부터 면제될 수는 없지만, 그러한 사건들을 받아들이는 태도와 그것이 가져오는 결과는 사람에 따라서 크게 다를 수 있습니다.

진실한 그리스도인은 하나님의 섭리와 계획에 복종함으로 고난을 이겨내고, 하나님께서 허락하시는 일이라면 어떤 일에서도 유익을 얻을 수 있다는 절대적인 신뢰와 믿음을 통하여 고난 속에서도 안정된 마음으로 고난의 끝을 기다릴 수 있으며, 그러한 깊은 영적 체험을 통하여 더욱 더 고결한 그리스도인으로 변화됩니다. 그러나 이러한 믿음을 활용하는 사람이라고 해서 하나님의 편애를 받는다거나 자연 법칙에 따라서 받게 되는 고통을 경감받게 되는 것은 아닙니다.

하나님께서는 모든 사람에게 동일한 자연 법칙을 적용시키지만, 하나님을 신실하게 신뢰하는 당신의 백성에게는 눈에 보이지 않는 또 다른 영적인 원칙을 적용시키고 계십니다. 그리하여 하나님께서는 믿음으로 그분께 나아오는 모든 사람들에게 영적인 법칙에 따라서 그들의 마음에 용기를 주고 견딜 수 있는 힘을 공급하여 주십니다. 하나님의 사랑은 모든 사람에게 아무런 조건 없이 베풀어져 있지만, 그분의 치유하시는 능력은 신뢰하는 마음을 가지고 그분께 나오기로 선택하는 사람에게만 조건적으로 제공됩니다.

그러므로 고통이나 질병을 가지고 있습니까? 먼저, 나의 양심과 생활 가운데서 어떤 법칙이 범하여지고 있는가를 살펴보십시오. 하나님께서 성령을 통하여 나의 죄와 잘못을 지적해 주실 때, 즉시로 회개하고 잘못된 것들을 개혁하십시오. 그리고 모든 결과에 대해서는 하나님을 신뢰하는 마음으로 그분께 맡기십시오. 바로 이것이 내가 어두운 고통의 터널을 통과하는 비결입니다.

제2부 아내를 잃은 사람들에게 드리는 글

글 | **우찌 무라 간조**

아내의 죽음

우리 모두는 죽음이 생명을 가진 자의 피할 수 없는 운명이며, 생물계가 존재하기 위하여 꼭 필요하다는 사실을 압니다. 가족 중에 죽음을 당한 사람이 있는 유족들을 위로 할 때, 그들이 그리스도인으로서 마땅히 받아야 할 위로를 받지 못하면, 나는 그들에게 신앙이 없음을 탄식하고 죽음에 대한 이해가 부족함을 마음속으로 은근히 나무랐습니다. 옛날의 영웅들은 용감한 모습으로 또한 감사한 마음으로 세상을 떠났습니다. 그리스도인이라면 종교의 도움이 있고 부활의 소망이 있으므로 더욱 더 그러해야 하지 않겠습니까! 만일 내 사랑하는 사람이 죽는다면, 나는 그녀의 머리맡에 서서 대장부처럼 찬송을 부르고 성경을 낭독함으로써, 그녀가 잠시 내 곁을 떠나가는 이별의 아쉬움을 위로하고, 다시 만날 즐거움을 기대하는 마음으로 그녀를 전송할 것이라고 생각하였습니다.

나는 성경과 과학이 말하는 죽음의 이치를 이해합니다. 그러나 정작 나의 사랑하는 아내가 세상을 떠났을 때에 비로소 나는 그 깊이, 아픔, 슬픔, 그리고 괴로움을 절감하게 되었습니다. 사랑을 잃는다는 것은 자신을 잃는 것입니다. 나의 사랑이 나와 함께 하였을 때에는 주변에 있는 모든 것들이 내게 의미가 있었지만, 사랑이 내 곁을 떠난 지금은 모든 것이 빛을 잃었고 의미를 잃어버렸습니다.

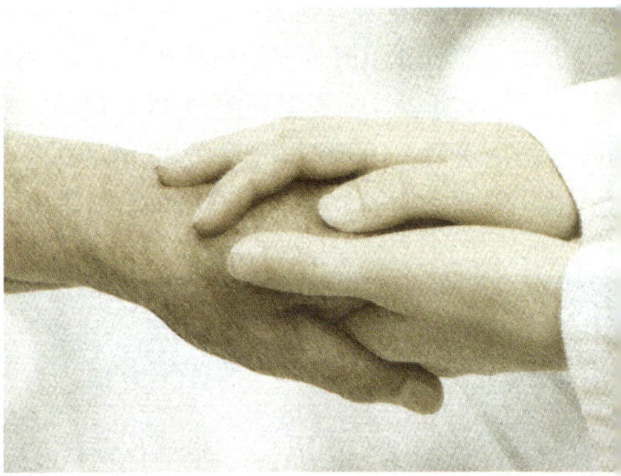

내 고통의 이유

사랑하는 사람이 죽는 데서 오는 고통은 이 세상을 잃은 것으로 끝나지 않았습니다. 이 세상은 어차피 떠나야 할 곳이므로 오늘 잃거나 30년 후에 잃거나 별 차이가 없습니다. 그러나 피를 쏟아 부은 나의 정성이 하늘을 움직이지 못하고, 내가 가진 전부를 쏟아 부은 기도가 전혀 이루어지지 못한 것처럼 느껴지는 데서 오는 회의는 나를 악마에게 사로잡히게 만들었습니다. 나는 믿음을 잃어 버렸습니다. 나의 믿음은 기대고 의지할 토대를 잃어버렸습니다. 나는 기독교의 하나님을 믿은 것을 후회하였습니다. 내가 하나님을 사랑의 하나님으로 이해하지 않았다면, 내게 이런 고통은 없었을 것입니다. 그분께 대한 애정과 신뢰가 없었다면, 이런 낙담은 없었을 것입니다. 피를 토해낸 내 기도를 외면한 하나님을 어떻게 사랑과 자비의 하나님으로 믿을 수 있을까요?

의사는 내 몸을 걱정하여 안정제와 수면제를 권하였습니다. 그러나 무엇이 내 아픈 영혼을 안정시킬 수 있을까요? 냉정한 이성으로 죽음을 받아들이고 생각을 돌리려고 했지만 뜻대로 되지 않았습니다. 목사의 위로도 친구의 권면도 이제는 식어버린 내 마음의 신앙에 불을 지필 수 없었습니다. 나는 성난 곰처럼 "내 사랑하는 자를 돌려다오!"라고 외치는 것밖에 할 말이 없었습니다.

물론, 나는 믿습니다. 나의 구세주는 죽음에서 부활하였던 사실을 믿습니다. 나의 아내 또한 구세주께서 오실 때 다시 부활하여 재회할 수 있음을 믿습니다. 나의 슬픔은 그런 데에 있지 않습니다. 나의 문제는 "왜 하나님께서 나의 기도를 들어주시지 않았는가?"입니다. 하나님은 과학자와 의사들이 말하는 삶과 죽음의 법칙을 극복할 수 없단 말인가요? 우주의 창조주요 왕인 하나님께 기도를 해도 소용이 없다는 말인가요? 내 기도에 열심과 정성이 부족해서 인가요? 그렇지 않으면 내 죄가 무거워서 나의 소원을 들어주시지 않았던 것일까요? 아니면 하나님께서 나를 벌하시기 위하여 "아내의 죽음"이라는 불행을 내게 내리셨을까요? 바로 이것이 내가 알고 싶은 것입니다. 이것만 안다면 나의 믿음은 곧 회복되어 생명력을 얻게 될 것입니다.

깨달음으로 나아가는 길

첫 번째 계단

내 양심 속에서 한 조그만 음성이 들려 왔습니다. "자연의 법칙은 하나님의 뜻이다. 죽음은 하나님께서 그의 사랑하는 자녀를 부르실 때에 사용하시는 한 가지 방법이다." 하나님께서 내 사랑하는 자를 살리실 뜻이 있었다면, 그분께서는 당신께서 세워 놓으신 자연의 법칙에 따라 아내를 살리셨을 것입니다. 그리스도인은 이러한 사실 때문에 하나님께 감사합니다. 불신자는 치료와 회복의 여부를 의약의 효과로 돌리고 의사의 기술력으로 돌리지만, 하나님을 아는 사람은 하나님의 선하신 뜻에 모든 것을 의뢰합니다.

두 번째 계단

사탄은 나에게 이러한 생각을 주었습니다. "결국에는 하나님의 뜻대로 모든 것이 이루어진다면, 기도는 무엇 때문에 하는가?" 이것은 어려운 질문입니다. 하나님은 우리의 기도를 들으시고 그것에 따라서 비를 내리시고 눈을 내리시는 것이 아닌데, 왜 기도해야 할까요? 중세기의 그리스도인들이 사자 굴과 핍박에서 벗어나게 해달라고 기도했건만 하나님께서는 그들에게 참기 어려운 환난을 허락하셨고 생명을 취하셨습니다. 기도해서 무슨 소용이 있습니까? 차라리 처음부터 기도하기를 포기하고 하나님의 명령과 뜻이 이루어지기를 기다리는 것이 현명한 처사가 아닙니까? 도대체 기도할 필요가 어디 있단 말입니까?

아내를 잃고 나서 나는 몇 달 동안 기도하지 않았습니다. 기도 없이는 수저를 들지 않았던 내가, 기도 없이는 잠자리에 들지 않았던 내가, 아내를 잃을 후에는 하나님 없이 사는 사람이 되어 원한으로 밥상을 대하고 눈물로 잠자리에 들어가는 처지가 되고 말았습니다. 이것이 그 당시 고통 중에 내가 하나님께 드렸던 하소연이었습니다.

"아! 하나님, 나의 이런 말을 용서하십시오. 당신은 당신 자녀의 믿음을 꺾고 상하게 하셨습니다. 나는 영혼의 아픔 때문에 당신에게 가까이 나아갈 수 없습니다. 내가 당신께 기도하지 않았다고 해서 나를 버리시지는 않으시겠죠? 아니 즐거운 마음으로 기도했을 때보다도, 도무지 기도할 수 없는 지금, 당신은 내게 더 큰 사랑과 위로를 주시겠지요? 내가 당신께 기도 할 수 있는 때에는 당신의 특별한 은혜와 위로를 필요로 하지 않습니다. 내가 기도할 수 없는 때야말로 당신의 돌보심을 가장 절실하게 필요로 하는 때입니다. 아내를 잃고 우주의 표류자가 된 지금이야말로, 제가 극도의 실망에 빠져서 하나님을 버리려고 하는 지금이야말로, 당신은 제 뒤를 쫓아와서 제가 당신을 떠나지 못하게 막으시겠죠?"

그러나 시간이 거듭되면서 마침내 나는 이렇게 기도 할 수 있게 되었습니다. “그렇습니다, 하나님! 나의 기도는 헛되지 않았습니다. 십 년을 하루같이 하나님께 기도해 왔기에 아내의 죽음 이후에 나는 뜻하지 않은 기쁨과 위로를 받을 수 있게 됩니다. 나는 이 세상의 행복을 위하여 기도하지 않았습니다. 예수님께서 가르쳐 주신대로 육을 위해 기도하지 않고 영을 위하여 기도하였습니다. 혹시 육을 위하여 필요한 것이 있어 기도할 때에는 항상 “만일 하나님의 뜻에 합당하시면”이라는 말을 하나 더 붙였습니다. 나는 내 자신이 원하는 바를 들어주면 믿고, 들어주지 않으면 원망하는 것은 우상을 섬기는 사람들의 신앙이라는 사실을 압니다. 그러니 어찌 내가 기도를 그만둘 수 있겠습니까? 하나님, 저는 오늘 밤부터 전보다 더욱 열심히 당신께 기도 드리겠습니다.”

세 번째 계단

이 때 악마가 다시 내게 속삭였습니다. “너는 뜨거운 기도로서 불치의 병자를 낫게 한 예를 모르느냐? 네 기도가 이루어지지 않은 것은 네 열성이 부족했기 때문이야!” 만일 이것이 사실이라면, 아내를 죽인 것은 내 열성의 부족이란 말인가? 그렇다면 아내를 죽게 한 죄는 내게 있습니다. 나는 사랑하는 사람을 죽인 자입니다. 만일 열심이 병자를 낫게 할 수 있다면, 그런 열심을 가지지 못한 자야말로 가련한 존재입니다. 죽을 각오로 기도하기만 하면, 하나님께서 당신의 뜻을 바꾸시어, 죽은 자를 살리시고 또한 산 자를 죽이신단 말일까요? 그럴 수 없습니다. 하나님께서는 각 인생들의 최선을 아십니다. 그분의 선한 지혜에 따라서 일의 결국이 이루어지게 됩니다.

나는 내 믿음의 부족을 압니다. 그러나 나는 내 열심을 다하여 기도하였습니다. 그러나 내 아내는 결국 죽었습니다. 누군가 내 열심이 부족했다고 나무라는 사람이 있다면, 나는 그에게 나의 모든 정성을 다했다고 분명하게 말할 수 있습니다. 하나님은 우리가 갖고 있지 않은 것을 우리에게 요구하지 않으십니다. 내게 있는 열심을 다하여 기도했지만, 그럼에도 불구하고 하나님께서는 나의 사랑하는 자를 데려가셨습니다. 나는 하나님께 이렇게 말할 수 있었습니다.

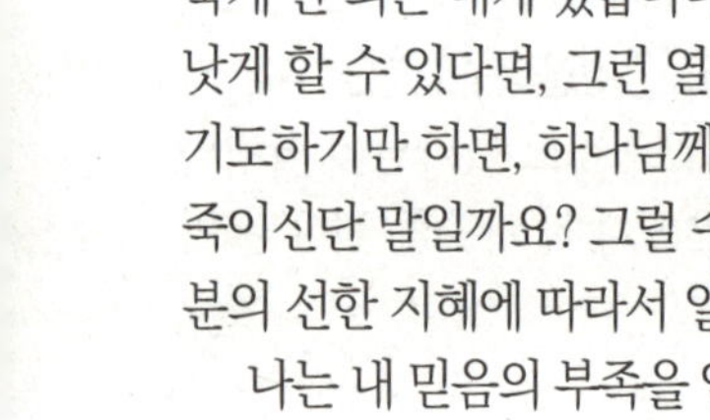

“하나님 아버지, 나는 믿습니다. 나는 압니다. 만일 당신
대한 나의 신앙이 아내의 죽음으로 인하여 완전히 사라져
린다면, 당신은 반드시 제 기도를 들어주셨을 것이라는 사
을 나는 압니다. 하나님께서 아내의 죽음을 허락하신 것은
를 믿으셨기 때문이라는 사실을 나는 압니다. 그렇습니다.
신께서는 내가 이 시련을 능히 견딜 수 있다는 사실을 아
습니다. 그래서 자연의 법칙에 따라 아내의 죽음을 허용하

셨던 것입니다. 나의 열심이 부족해서가 아니라, 오히려 하나님의 은혜로서 주어진 저의 열심과 믿음이 족하였기 때문에 이러한 고통을 허락하신 것입니다." 나는 이렇게 외칠 수 있었습니다. "아, 하나님 감사합니다. 하나님께서 나를 믿어 주신다는 사실이 저를 너무나 기쁘게 만들었습니다."

네 번째 계단

악마는 다시 이렇게 속삭였습니다. "네가 믿는 정녕 사랑의 하나님이라면, 어떻게 너에게 이런 고통과 슬픔을 줄 수 있는가?" 하나님께서는 악마에게 응답할 수 있는 다음과 같은 말을 내게 주셨습니다.

"악마여, 나는 하나님께서 우리를 벌하기 위하여 고통을 주신다는 어떤 목사들의 가르침을 믿지 않는다. 성경에는 세상 사람들이 흔히 말하는 "형벌"이 없다. 형벌이란 말은 기독교의 가르침에 있어서 필요도 없고 의미도 없는 낱말이다. 성경에 나오는 형벌은 '어둡게 보이는 하나님의 은혜'일 뿐이다. 형벌도 하나님의 은혜이고, 지옥불도 악인과 의인 모두를 위한 하나님의 사랑이다. 선과 의를 싫어하는 악인을 영원히 살게 한들 그것이 그들에게 무슨 유익이 되겠는가? 살인과 강간과 도박과 미움과 증오 속에서 악인들끼리 영원히 살도록 허락하는 것이 어떻게 사랑일 수 있는가? 지옥불로 악인의 생명을 거두심으로써, 우주에서 악이 근절됨으로써, 온 우주가 안전하게 영원한 행복을 누릴 수 있는 것이야말로 하나님의 사랑이고 지혜이다. 나는 지옥 불에 조차 나타나 있는 하나님의 사랑을 믿는다. 하나님은 정녕 사랑의 하나님이시다!"

다섯 번째 계단

악마는 마지막으로 한 가지 의혹을 내 마음에 심고자 하였습니다. "네 아내는 왜 그렇게도 단명했어야만 하니? 그녀는 순결한 마음을 가졌으며, 자기를 잊어버리고 너만을 위하여 모든 것을 바쳤으며, 숨을 거두는 그 순간까지 가난과 싸우며 성경 진리를 지키기 위하여 심한 고통을 당했다. 왜 그녀는 단 한 번의 안락한 삶을 살지 못한 채 그렇게 빨리 갈 수 있단 말인가? 네가 믿는 하나님은 정말 가혹한 분이 아닐까?"

참으로 그냥 넘어갈 수 없는 의혹입니다. 이 이해할 수 없는 사실 속에 도대체 무슨 깊은 뜻이 있는지 궁금하였습니다. 성경은 땅이 하나님을 경외하는 자를 위하여 지어졌다고 말하고 있습니다(욥 15:19). 그런데 이처럼 하나님을 사랑하던 아내가 이 세상을 즐기지 못한 채 갈 수 있단 말입니까? 아마존의 숲 속에 숨겨져 있는 금광은 누구를 위한 것입니까? 아프리카의 산에 파 묻혀 있는 다이아몬드는 누구를 위한 것입니까? 하나님의 진리를 무시하고, 자기 마음대로 방종하며 살아가는 사람들의 목과 팔에는 금과 다이아몬드가 걸려 있는데, 일평생 충성과 희생의 삶을 산 내 아내의 몸에는 다 떨어진 천이 걸쳐져 있을 뿐입니다. 이 땅은 악마의 뒤를 따르는 자들을 위하여 지어졌단 말입니까? 새벽부터 밤늦게까지 도움을 청하는 환자들과 가난한 자들의 시중을 들었던 아내는 단 한 번의 낙도 누리지 못한 채 일찍 가버렸는데, 악마의 자식들은 여전히 살아남아서 하나님께서 창조하신 아름다운 지구의 환경을 즐기고 있습니다. 정녕 이 지구는 악마와 그의 자식들에게 주어졌단 말입니까?

이 심원한 의문에는 두 가지 대답이 있을 뿐입니다. 하나는 하나님이 존재하지 않는다는 것이고, 또 하나는 지금 현재의 지구보다 나은 세계가 의인들을 위하여 마련되어 있다는 것입니다. 첫 번째 대답에는 문제가 있습니다. 왜냐하면 하나님이 없다면 진리도 없을 것이고, 진리가 없다면, 우주를 지탱케 하는 법칙도 없을 것이기 때문입니다. 또한 그 법칙이 없다면, 우리 자신도, 우주도 존재하지 못할 것입니다. 그러므로 우리 자신이 존재하는 한, 하늘과 땅이 내 눈 앞에 존재하는 한, 나는 하나님이 없다고 말할 수 없습니다.

두 번째 대답 속에 나를 만족시키는 진리가 있습니다. 그렇습니다! 성경은 예수님께서 재림하신 다음 천년 이후에는 이 지구(땅) 위에 의인들만을 위한 새 세계가 펼쳐질 것이라고 말하고 있습니다. 결국 이 지구는 의인들의 손에 주어집니다. 그 날에는 새 하늘과 새 땅이 영원한 주인이 될 의인들에게 넘겨질 것입니다. 의인들은 고통과 슬픔을 참으면서 그 날을 기다리기만 하면 됩니다.

이 세상에는 두 가지 아름다움이 있습니다. 하나는 금과 다이아몬드로 치장된 아름다움이고, 다른 하나는 정직과 진실로 이루어진 아름다움입니다. 악인들은 페르시아의 진주를 구하고, 오를로의 보석을 구하지만, 의인들은 온유와 겸손으로 짜인 의의 옷을 구합니다. "너희 단장은 머리를 꾸미고 금을 차고 아름다운 옷을 입는 외모로 하지 말고 오직 마음에 숨은 사람을 온유하고 안정한 심령의 썩지 아니할 것으로 하라 이는 하나님 앞에서 값진 것이니라"(벧전 3:3,4).

지구의 이곳 저곳에 묻혀 있는 금과 은은 얻기 위하여 만들어진 것이 아니라, 버리기 위하여 지어진 것입니다. 그것을 얻고자 하는 자는 지옥 불을 맞게 될 것이지만, 그것을 버리는 자는 결국 그것을 차지하게 될 것입니다. 하늘 예루살렘의 진주 문으로 들어가기 원하는 자는, 하늘 도성의 금으로 된 거리를 걷기 원하는 자는 이 세상에서 진주와 금을 버리는 경험을 해야만 합니다. 아름다운 진주와 금을 버리는 삶을 살아야 하기 때문에 이 세상은 시련의 장소입니다. 이 세상에 사는 동안 마음 속 깊은 동기까지 금과 은에 의하여 시험 받아야 하기 때문에 이 세상은 시련의 장소입니다. 마음의 밑바닥에서부터 세상에 속한 모든 것을 버린 사람만이 이 세상을 진리 안에서 자유롭게 살아갈 수 있으며, 그 결과로서 세상의 모든 것을 얻을 수 있습니다. 바로 이것이 기독교회가 가지고 있는 역설적 진리입니다. 내 사랑하는 아내가 겪은 고통과 시련 역시 이 진리의 공식에 의하여 이해될 수 있습니다.

나를 회복시키는 하나님

아내를 생각할 때마다 늘 창자가 끊어질듯 한 아픔과 후회가 있습니다. 그녀가 살아 있을 때, 그녀의 미소에 불쾌한 얼굴로 대답하였고, 그녀의 희생에 충분한 감사의 표시를 하지 못했던 사실이 아직도 나를 괴롭힙니다. 심지어는 그녀가 병자들을 간호하다가 몹시 지쳐서 내게 위로를 청했을 때에도 나는 그녀의 연약함을 나무라면서 거친 말로 대꾸하였습니다. 그녀는 언제나 내게 유순하고 충성스러웠지만, 나는 이따금 냉정하고 성실치 못했습니다. 이것을 생각하면, 나는 땅에 부끄럽고 하늘에 부끄럽습니다. 보답을 받아야 할 그녀는 이미 사라졌습니다. 용서를 빌어도 받을 사람이 없으며, 가슴을 치며 뉘우쳐도 소용 없게 되었습니다. 요즘도 이러한 회한이 밀려오는 밤마다 나를 지옥 불 속에서 매질합니다.

어느 날 나는 그녀의 무덤에 찾아가서 한 송이 꽃을 꽂는데, 어디선가 하나님의 음성이 들려왔습니다.

"너는 왜 네 사랑하는 사람의 죽음 때문에 우느냐? 너는 지금도 아내에게 보답할 기회와 시간을 가지고 있다. 그녀가 너를 위하여 충성하였던 것은 어떤 보답을 받기 위해서가 아니었다. 그것은 너에게 바치는 자신의 희생과 충성을 통하여 네가 하고 있는 하나님의 일이 진보되기를 원해서였다."

"그러므로 만일 네가 진정으로 아내의 희생과 사랑에 보답하고 나의 일을 하기 원한다면, 네 이웃과 국민에게 진리를 가르치고 봉사하라. 집이 없어 거리를 헤매는 노파는 네 아내이고 또한 나다. 가난에 쫓겨 몸을 치욕과 돈에 파는 소녀은 네 아내이고 또한 나다. 네가 그들을 위로한다면 바로 네 아내와 나를 위로하는 것이다. 비탄과 후회에 잠겨 있는 것은 아무런 소용도 없다. 빨리 네 집으로 돌아가 네 아내와 내가 기뻐하는 일을 하라!"

나는 아내의 무덤을 제비꽃이나 장미꽃으로 장식함으로써, 내 자신이 위로 받고자 하였습니다. 그러나 이제는 아내의 무덤에 선하고, 진실 되며, 진리로 거룩하게 된 나의 삶을 바치기로 결심하였습니다. 아내의 죽음 때문에 나는 이전보다 더욱 가난하고 불쌍한 사람들을 사랑하게 되었습니다.

나는 아내의 죽음으로 인하여 믿음도 잃었고, 하나님도 잃었습니다. 그러나 하나님께서는 나를 이전보다 더욱 강하게 회복시키셨습니다. 시인 쉴러가 말한 "진정한 용사는 홀로 있을 때에 더욱 강해진다"라는 말이 생각납니다. 메리 모파드 여사의 죽음 이후에 탐험가 리빙스턴이 아프리카의 암흑대륙에 더욱 깊숙이 뛰어들었던 것처럼, 나 역시 아내의 죽음 이후에 진리의 조화를 좀 더 깊이 이해함으로써 하나님을 더욱 가까이 느끼게 되었습니다. 이 눈물의 세상을 떠나 아내와 다시 만나는 그 날이 될 때까지, 나는 아내와 하나님이 기뻐하시는 일을 하면서 하늘 집을 향한 나의 발걸음을 재촉하렵니다!

낭패와 실망당한 뒤에 예수께로 나옵니다
십자가 은혜 받으려고 주께로 옵니다
슬프던 마음 위로받고 이 생의 풍파 잔잔하며
영광의 찬송 부르려고 주께로 옵니다

죽음의 길을 벗어나서 예수께로 나옵니다
영원한 집을 바라보고 주께로 옵니다
멸망의 포구 헤어나와 평화의 나라 다다라서
영광의 주를 뵈오려고 주께로 옵니다

성경공부
넘치는 은혜

4장

참 그리스도인입니까?

좁은 문과 넓은 문

제1부 누가 진짜 그리스도인인가?

1. 진짜 그리스도인?

요즘처럼 기독교가 인기 있는 시대는 또 없었던 것 같습니다. 마치 명함 한 장 지니듯이, 사람들은 자신의 사역을 위하여, 사교를 위하여, 명예를 위하여, 교회에 나가고 쉽게 그리스도인이 됩니다. 그리고 교인이 된 후의 편리함을 즐깁니다. 그러나 많은 교인은 진정한 그리스도인이 된다는 것이 무슨 의미인지를 모르고 있습니다. 그리스도인이란 그리스도와 같은 사람, 곧 그리스도와 같은 삶을 사는 사람을 가리킵니다. 적당히 세상과 어울려 세상과 같이 사는 사람이 아니고, 자신을 부인하고 자기 십자가를 지고 예수 그리스도를 따르는 대가를 치르며 사는 사람들입니다. 그런 사람들이 진짜 그리스도인입니다.

그리스도인들은 예수님을 믿는 자들입니다. 자기 자신의 의견이나, 아니면 어느 인간의 학설을 따르는 자들이 아닙니다. 그리스도인들은 자기 좋은 대로 사는 자들이 아니라 예수 그리스도의 생애의 모본을 따라 살기로 작정한 자들입니다. 세상을 살기에 편리한 대로 사는 것이 아니라 하나님께서 원하시고 또한 제시하여 주신 길대로 사는 자들입니다. 그렇기에 그리스도인의 길과 세상의 길 사이에는 항상 투쟁이 있기 마련입니다. 믿는 자들이 예수님을 구세주로 받아들일 때에는 동시에 예수님을 자기의 주인이요 왕으로 받아들이는 것을 수반하는 것입니다.

하지만 오늘날 현대 기독교회 안에는 예수님을 자기 편리한 대로, 자기 마음 내키는 대로 믿고 사는 가짜 그리스도인들로 가득 차있는 이상한 시대가 되어 버렸습니다. 어떤 교회들은 기업이 되어 가는가 하면 어떤 교회들은 사회 친목 단체나 클럽처럼 변신하고 있는 실정입니다. 이러한 시점에서 우리는 참된 그리스도인의 좌표를 다시 살펴보는 일이 중요합니다. 과연 성경은 이 문제에 대하여 어떻게 말씀하고 있을까요? 어떠한 사람이 진짜 그리스도인일까요?

예수님께서는 그리스도인의 삶에 대해서 다음과 같이 말씀하셨습니다. "좁은 문으로 들어가라 멸망으로 인도하는 문은 크고 그 길이 넓어 그리로 들어가는 자가 많고 생명으로 인도하는 문은 좁고 길이 협착하여 찾는 이가 적음이니라"(마 7:13,14). 다시 말해서 이 말씀은 그리스도인들은 살기에 적합하지 않은 세상에 살고 있다는 말씀입

니다. 그들이 이 세상에서 사는 일이란 참으로 많은 희생이 필요 되는 생애라는 말씀입니다. 그리스도인들이 추구하는 기쁨과 즐거움은 이 세상에 있는 것이 아니라 하늘에 있다는 말씀입니다. 마음이 거듭나서 취미와 좋아하는 것들이 바뀌어 지지 않은 사람들은 그리스도인 생애를 살 수가 없다는 말씀입니다. 쉽게, 그리고 편하게 사는 길은 멸망의 길이라고 말씀하신 셈입니다.

사도 바울도 다음과 같이 말하였습니다. "그러므로 너희가 그리스도와 함께 다시 살리심을 받았으면 위엣 것을 찾으라 거기는 그리스도께서 하나님 우편에 앉아 계시느니라 위엣 것을 생각하고 땅엣 것을 생각지 말라 이는 너희가 죽었고 너희 생명이 그리스도와 함께 하나님 안에 감취었음이니라"(골 3:1-3).

세상에서도 재미를 보고 하늘도 가겠다는 태도로 사는 그리스도인들은 멸망의 길을 걷고 있는 것입니다. 구원을 얻는 길에는 중간이 있을 수가 없습니다. 적당히 믿는다는 사고방식은 신앙이 아닙니다. 우리가 물려받은 성경과 진리는 피 묻은 것들입니다. 얼마나 많은 선조가 자기들의 생명을 바쳐가며 신앙과 진리와 그리고 표준을 고수하여 왔습니까! 그러므로 우리는 빚진 자들입니다.

한번은 예수님께서 제자들과 함께 길을 가시는데 어떤 사람이 질문을 하였습니다. "혹이 여짜오되 주여 구원을 얻는 자가 적으니이까?"(눅 13:23) 옛날이나 지금이나 인간의 궁금증은 한결같은 것을 보게 됩니다. 이에 예수님은 주님을 따르는 제자의 길,

다시 말해서 그리스도인이 되는 것이란 어떠한 각오로 삶을 살아야 하는 것인지를 아주 명료하게 설명해 주셨습니다. "저희에게 이르시되 좁은 문으로 들어가기를 힘쓰라 내가 너희에게 이르노니 들어가기를 구하여도 못하는 자가 많으리라."(눅 13:24) 라고 말씀하시고는 길을 가시다가 뒤 따르는 수많은 군중을 향하여 다시 더 자세하게 이렇게 말씀하시었습니다.

"허다한 무리가 함께 갈쌔 예수님께서 돌이키사 이르시되 무릇 내게 오는 자가 자기 부모와 처자와 형제와 자매와 및 자기 목숨까지 미워하지 아니하면 능히 나의 제자가 되지 못하고 누구든지 자기 십자가를 지고 좇지 않는 자도 능히 나의 제자가 되지 못하리라 너희 중에 누가 망대를 세우고자 할찐대 자기의 가진 것이 준공하기까지에 족할는지 먼저 앉아 그 비용을 예산하지 아니하겠느냐 그렇게 아니하여 그 기초만 쌓고 능히 이루지 못하면 보는 자가 다 비웃어 가로되 이 사람이 역사를 시작하고 능히 이루지 못하였다 하리라 또 어느 임금이 다른 임금과 싸우러 갈 때에 먼저 앉아 일만으로서 저 이만을 가지고 오는 자를 대적할 수 있을까 헤아리지 아니하겠느냐 만일 못할 터이면 저가 아직 멀리 있을 동안에 사신을 보내어 화친을 청할찌니라. 이와 같이 너희 중에 누구든지 자기의 모든 소유를 버리지 아니하면 능히 내 제자가 되지 못하리라"(눅 14:25-33).

예수님을 따르라는 부르심은 아주 명백합니다. 예수님께서는 따르기 전에 먼저 어떠한 대가를 치러야 하는지에 대하여 분명하게 제시하여 주셨습니다. 하나님과 부모형제 사이에 선택하여야 할 입장에 놓이게 되었을 때에 하나님을 먼저 선택하지 않는 자는 내게 합당치 않다고 말씀하시고 있습니다. 자기 자신의 정욕을 부인하고 예수님을 따를 때에 자연히 짊어지고 가야 할 십자가가 따르게 됩니다. 그것은 자기 자신을 죽이는 길입니다. 그 길은 어떤 의미에서 수치스러운 일입니다. 옛날에 십자가를 지는 일이 그러했던 것처럼 말이죠!

그리스도인이란 자기가 가진 모든 것이 하나님의 것이요, 또한 주님의 축복 때문에 그것들을 소유하게 되었다는 사실을 철저하게 이해하고 사는 사람입니다. 그렇기 때문에 그들은 자기의 재산이나 시간이나 재능들은 모두 주님께서 주신 것이요, 하나님의 영광을 위하여서 사용되어야 한다는 사실을 인정하고 따르는 자들입니다. 이러한 제자 됨의 대가에 대한 가르침이 타협되거나, 가르쳐지지 않고 망각되어 버렸을 때에 교회는 곤두박질하게 되었고 급기야는 세상 사람들과 교인들 사이를 구분하지 못할 만큼 타락하게 된 것입니다.

어떤 한 청년이 사랑하는 애인에게 다음과 같이 편지를 썼다고 합니다. "사랑하는 그대여 나는 당신을 그리워하오! 내가 당신을 찾아 만나기 위하여서는 에베레스트 산보다 더 높은 산이라도 넘어가겠고 태평양보다 더 넓은 대양이라도 헤엄쳐 가겠소! 오, 나는 당신을 그리워하오!" 그리고는 그 편지 밑에다 다음과 같이 기록하였다고 합니다. "추신 - 오는 수요일에 당신을 만나러 가겠소! 비가 오지 않는다면…"

얼마나 우스꽝스러운 일입니까! 그러나 실제로 많은 그리스도인이 그렇게 살고 있지 않습니까? 입으로는 주님을 사랑하며 믿는다고 말은 하지만은 실상에 있어서는 적은 일들로 하나님을 부인하며 살고 있지 않습니까? 자신의 편안함과 세상의 재미들, 그리고 다른 사람들의 인정을 받고 싶은 욕망들 때문에 그리스도인들은 매일매일 예수님을 배반하며 팔고 있습니다. 그러면서도 교회들은 마치 예수님의 십자가를 지고 가는 사람들인 양 여전히 십자가를 자기 교회 지붕 위에 높다랗게 달아놓고 선전하며 살고 있지 아니한가요! 과연 우리는 진짜 예수님을 믿는 사람들인지 다시 한 번 살펴보아야겠습니다.

현대 그리스도인들은 예수 그리스도의 재림을 바로 눈앞에 두고 살고 있는 사람들입니다. 하나님을 만나기 위하여 예비하는 생활을 살아야 하는 때에 우리는 살고 있습니다. 그래서 선지자 아모스는 다음과 같이 외쳤습니다. "이스라엘아 네 하나님을 만나기를 예비하라"(암 4:12). 우리는 하늘에서 거룩한 천사들과 이웃이 되어 살아야 할 사람들입니다. 예수님께서 이 세상에 초림 하셨을 때에 그분의 길을 예비하기 위하여 부르심을 받았던 선지자 침례 요한도 회개의 메시지를 전파하였습니다. 그는 유대인들이 오시는 메시아를 마음속에 받아들일 수 있게 하기 위하여서 그들 생애의 개혁과 부흥을 촉구하는 회개의 메시지를 전하였던 것입니다.

그의 사명에 대하여 이사야 선지자는 이미 이렇게 예언해 두었습니다. "선지자 이사야의 책에 쓴 바 광야에 외치는 자의 소리가 있어 가로되 너희는 주의 길을 예비하라 그의 첩경을 평탄케 하라 모든 골짜기가 메워지고 모든 산과 작은 산이 낮아지고 굽은 것이 곧아지고 험한 길이 평탄하여 질 것이요 모든 육체가 하나님의 구원하심을 보리라 함과 같으니라"(눅 3:4-6, 사 40:3-5).

그렇습니다. 산처럼 높아져 있는 우리의 교만한 마음들이 낮아져야 합니다. 골짜기처럼 깊숙하게 들어가 있는 음흉한 마음들과 이기심들이 돋아져 평평하게 되어야 합니다. 타협하며 적당하게 살아가는 굽은 마음들이 곧바로 펴져야 합니다. 그리고 돌들과 파인 곳들이 많은 길처럼, 거칠고 모나며 세상의 잔재들로 가득 찬 성품들이 치워져야 하겠습니다. 그래서 하나님이 오시는 길이 평탄하여지도록 말입니다.

침례 요한은 광야에서 다음과 같이 외쳤습니다. "요한이 침례 받으러 나오는 무리에게 이르되 독사의 자식들아 누가 너희를 가르쳐 장차 올 진노를 피하라 하더냐 그러므로 회개에 합당한 열매를 맺고 속으로 아브라함이 우리 조상이라 말하지 말라 내가 너희에게 이르노니 하나님이 능히 이 돌들로도 아브라함의 자손이 되게 하시리라. 이미 도끼가 나무 뿌리에 놓였으니 좋은 열매를 맺지 아니하는 나무마다 찍혀 불에 던지우리라"(눅 3:7-9).

그리스도인들이 세상 사람들이 좋아하는 텔레비전 프로그램을 똑같이 좋아하며, 하나님을 믿지 않는 사람들이 듣고 웃는 농담들과 코미디 쇼들을 보면서 같이 깔깔거리며 웃고 있다면 우리들과 그들 사이에 무슨 차이가 있겠습니까? 세상 사람들과 똑같이 뒤늦을세라 유행 옷을 걸치고 다니고, 하나님의 은혜로 마음을 단장하는 대신에 더욱더 예쁘게 보이기 위하여 짙은 화장을 하느라 많은 시간과 돈들을 낭비하면서도 우리는 과연 예수님을 믿는 그리스도인이라고 스스로 자칭할 수가 있을까요? 속사람을 단장하기보다는 값진 패물과 장신구들, 반지, 귀고리, 팔찌, 목걸이, 비싼 시계들로 몸을 치장하고 다니면서 우리는 과연 어떻게 세상을 향하여서 예수 그리스도를 전파할 수가 있겠습니까?

파티의 좌석에서 같이 술 마시며 담배를 피우며, 성경이 하지 말라고 분부한 일들을 같이 행하면서 어찌 그리스도의 제자라고 할 수 있나요? 세상 사람들을 즐겁게 하고 몸을 흔들게 하는 그러한 유행가를 따라 부르면서 어떻게 우리가 하늘을 가고 있는 성도들이라고 말할 수 있겠습니까? 몸을 과다하게 노출 시키는 짧은 치마나 상의를 입고서 어떻게 하나님을 경배한다고 교회 문을 들어설 수가 있을까요?

그러한 옷차림들은 예배 드리는 자들을 위하여 디자인한 것이 아닙니다. 그러한 옷차림들은 우상을 숭배하는 세상 사람들이 남자들의 눈을 현혹하기 위하여 만든 옷들입니다. 오늘날 교회는 성경의 표준에서 너무나 멀리 떨어져 나와 있습니다. 우리는 다시 종교 개혁이 필요한 시대에 살고 있습니다. 왜냐하면 예수님께서 곧 다시 오시기 때문입니다. 이 시대는 참된 회개를 촉구하는 제2의 침례 요한의 사역이 필요한 시대가 되었습니다.

마태복음 13장에는 또 다른 예수님의 호소 말씀이 기록되어 있습니다. "천국은 마치 밭에 감추인 보화와 같으니 사람이 이를 발견한 후 숨겨 두고 기뻐하여 돌아가서 자기의 소유를 다 팔아 그 밭을 샀느니라 또 천국은 마치 좋은 진주를 구하는 장사와 같으니 극히 값진 진주 하나를 만나매 가서 자기의 소유를 다 팔아 그 진주를 샀느니라"(마 13:44-46). 보화가 감추인 밭의 값은 얼마였습니까? 백만 불? 천만 불? 아닙니다. 그 밭의 값은 그 농부가 가지고 있던 모든 것이었습니다.

성경에 나오는 "진주의 비유"에서 진주 값도 마찬가지였다. 진리와 영생의 대가는, 다시 말해서 그리스도 제자가 됨의 대가는 자기 옛 생애를 완전히 다 포기하고 예수님의 길에 서는 것입니다. 그래서 그 문을 좁은 문이라고 부르는 것입니다. 그러나 그 길은 가장 즐거운 길입니다. 그 길은 가장 보람되고 행복한 길입니다. 그 길은 세상이 줄 수 없는 평안과 쉼을 주는 길입니다.

그러나 그 길에는 한 가지 조건이 있는데 그것은 예수 그리스도의 온유함과 겸손함을 배워야 하는 길입니다. 진리를 발견하려고 헤매던 인간이, 창조주요 구속주이신 예수 그리스도를 찾아 만나고 나면 과거에 살던 죄 된 길이 얼마나 어리석게 보이는지 모릅니다. 그리고 신기루와 같은 세상이 제시하는 행복에 속임 당했던 자신을 후회하게 되는 것입니다. 그리고 그는 죄를 미워하게 됩니다. 그것이 거듭난 자들의 특징입니다. 그리고는 예수 그리스도를 따라 사는 영생의 길이 그렇게도 매력적으로 다가오는 것입니다.

"전에 악한 행실로 멀리 떠나 마음으로 원수가 되었던 너희를 이제는 그의 육체의 죽음으로 말미암아 화목케 하사 너희를 거룩하고 흠 없고 책망할 것이 없는 자로 그 앞에 세우고자 하셨으니"(골 1:21, 22) 라고 바울은 말씀하고 있습니다. 사도 베드로도 합세하여 우리들에게 이렇게 호소하고 있습니다. "그러나 주의 날이 도적같이 오리니 그 날에는 하늘이 큰 소리로 떠나가고 체질이 뜨거운 불에 풀어지고 땅과 그 중에 있는 모든 일이 드러나리로다. 이 모든 것이 이렇게 풀어지리니 너희가 어떠한 사람이 되어야 마땅하뇨 거룩한 행실과 경건함으로 하나님의 날이 임하기를 바라보고 간절히 사모하라... 그러므로 사랑하는 자들아 너희가 이것을 바라보나니 주 앞에서 점도 없고 흠도 없이 평강 가운데 나타나기를 힘쓰라"(벧후 3:10-12,14).

2. 값비싼 은혜를 찾아서 - 은혜의 진정한 의미

기독교인들이 가장 즐겨 사용하는 단어가 있다면, 그것은 "은혜"란 단어일 것입니다. 죄를 용서받기 위하여, 또는 축복을 받기 위하여, 또는 모든 것의 해결책으로 "은혜"가 제시되고, 기독교인들은 진정한 은혜의 의미를 모른 채, 모든 문제를 해결하기 위한 수단으로 값싼 은혜를 남용(?)하기에 이르렀습니다. 그리하여 "은혜"란 단어는 진정한 반쪽의 의미를 잃은 채 그리스도인들 사이에서 사용되고 있습니다.

사도시대 이후, 그리스도 교회의 성장과 함께 교회는 점점 더 세속화 되었으며, 은혜가 요구하는 대가에 대한 가르침도 점차 빛을 잃어버린 채 희미해져 갔습니다. 그러나 그리스도와 12제자들에 의해서 세워진 진리는 중세기 종교 암흑시대에도 소수 사람들에 의해서 여전히 전수되고 있었습니다. 은혜란 그리스도의 초청을 포함하고 있으며, 그분의 부르심에 응하는 데에는 희생적인 대가가 지불되어야 한다는 진리를 이해하는 사람들이 남아 있었습니다. 그래서 그들은 그리스도를 위하여 모든 것을 버리고, 날마다 그분의 명령을 따르기 위해서 노력하는 생애를 살았습니다. 비록 수도승 제도가 나중에는 행함으로 말미암는 의의 대표적인 예로 전락하고 말았지만, 초창기 경건한 수도승들의 동기와 목적은 성경 가르침에 일치하는 것이었습니다. 그들은 그리스도 교회에 들어오는 세속적인 정신과 값싼 은혜에 대하여 경종을 울리는 파수꾼의 역할을 하였습니다. 그러나 교회의 행정과 정치를 맡아보던 성직자들과 신부들은 수도승 제도를 교회 조직의 타락한 모습을 가리는 가면으로 이용하였던 것입니다.

3. 루터의 부르심

종교 개혁시대가 되자, 하나님께서는 순수한 복음인 값비싼 은혜에 대한 가르침을 회복시키기 위해서 수도승이었던 마틴 루터를 개혁자로서 선택하셨습니다. 그는 수도원 생활을 거쳐서 수도승이 되었는데, 이러한 모든 과정은 거룩하신 하나님의 섭리 하에서 이루어진 것이었습니다. 루터는 완전한 순종의 길로 그리스도를 따르기 위해서 모든 것을 버렸던 그리스도인이었습니다. 그는 참된 그리스도인으로서의 생애를 위하여 세상이 주는 장밋빛 유혹들을 거절하였습니다.

그러나 처음에는 마틴 루터 역시 수도원 생활을 통하여 개인적인 성취를 이룩하고자 하였습니다. 그러한 그에게 하나님께서는 그리스도를 따르는 제자의 길이 소수 제한된 수도승들의 개인적인 성취나 공로로 이용되어서는 안 된다는 사실을 보여주셨으며, 그리스도를 따르는 일은 모든 그리스도인에게 해당되는 하나님의 부르심이라는 사실을 성경을 통하여 보여주셨습니다.

영적 눈이 열린 마틴 루터는 수도승 제도가 제자들의 소박하고 겸손한 봉사로부터 벗어나 자신의 공로를 쌓으며 극단적인 영적 교만으로 빗나가는 현실을 보게 되었습니다. 세속이 수도승들의 심장부에 찾아들자, 말할 수 없는 혼란이 야기되었습니다. 세상을 버리려고 하던 수도승들이, 이제는 수도원 안에서 세상을 그리워하는 미묘한 모습으로 바뀌게 되었습니다. 종교계가 이처럼 바닥까지 타락할 즈음, 루터는 하나님의 은혜를 붙잡게 되었습니다. 그가 하나님의 은혜를 주장하기 시작하자, 거의 모든 수도승이 그에 대항하여 일어섰습니다.

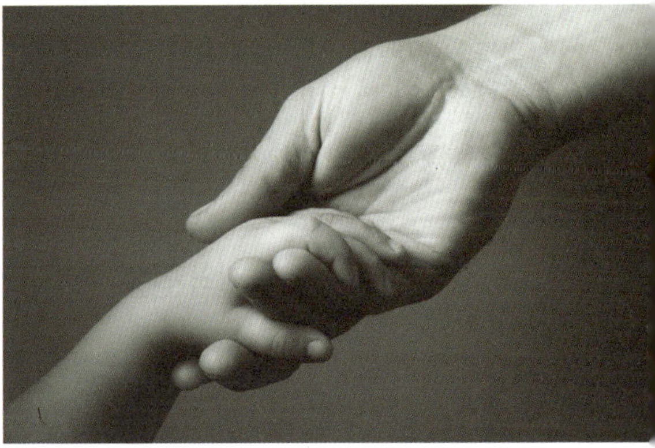

루터는 인류의 구원을 위하여 손을 뻗고 계신 그리스도를 통하여 하나님을 바라보았습니다. 루터는 믿음의 손을 뻗어서, "의인은 믿음으로 살리라."는 사도 바울의 말씀을 붙잡았습니다. 그리하여 그는 "비록 우리가 할 수 있는 것이 아무 것도 없을 지라도, 우리는 믿음으로 선한 생애를 살 수 있다."라고 말할 수 있게 되었습니다.

그리스도께서 그를 위하여 마련하여 주신 은혜는 값으로 헤아릴 수 없을 만큼 위대한 은혜라는 사실이 그의 마음을 산산이 깨뜨렸습니다. 그리하여 그는 다시 한 번 더 그물을 버리고, 그리스도를 따르게 되었습니다. 그가 처음에 수도원에 들어갔을 때, 그는 모든 것을 희생하고 버렸지만 자기 자신을 버리지는 않았습니다. 그러나 이제 그는 남아있던 자아마저 버릴 수 있게 되었습니다.

자아를 버리게 되자, 그때까지 그를 붙잡고 있던 자신에 대한 신앙적인 평판도 하잘것없는 것처럼 느껴졌습니다. 그는 스스로 공로를 쌓으려고 애쓰는 대신에, 단순히 하나님 은혜의 초청에 응하라는 부르심에 순종하였습니다. 루터는 "그대는 지금까지 죄를 범해 왔다. 그러나 이제 모든 것이 용서되었으니, 그대는 현재의 상태에 만족하여 머물러 있으면서, 용서가 주는 위로를 즐겨라."라고 속삭이는 사탄의 음성을 거절하였습니다.

드디어, 그는 수도원을 떠나서 세상으로 돌아갔습니다. 그가 세상으로 돌아간 것은 세상이 선하고 거룩하기 때문에 돌아간 것이 아니라, 수도원도 세상의 일부라는 사실을 깨달았기 때문에 돌아갔던 것입니다. 루터가 세상으로 돌아간 사건은 세상에게 가장 큰 충격을 안겨 주었습니다. 그가 수도원에 들어갈 당시에 했던 세상의 포기는, 그가 세상으로 돌아왔을 때에 했던 자아 포기에 비하면 어린 아이의 장난에 불과한 것이었습니다. 그의 개심은 그 당시 종교계에 대한 정면 도전이었습니다.

루터는 그리스도를 따르는 길은 세상 속에서 이루어져야 한다는 진리를 깨달았습니다. 수도원이 안전한 피신처가 될 수 없었습니다. 그리스도를 따르는 일은 날마다의 삶 속에서 이루어져야 한다는 사실을 깨닫게 되었습니다. "나를 따르라."라는 그리스도의 명령은 매일 생활 속에서 완전한 순종의 형태로 나타나야 한다는 진리를 발견하였습니다. 그리스도인의 삶과 세상 사람들의 삶 사이에는 끊이지 않는 투쟁이 존재한다는 사실을 배우게 되었습니다.

4. 오해 받고 있는 루터의 믿음

어떤 사람들은, 마틴 루터가 깨달은 복음은 하나님 계명에 대한 그리스도인의 의무를 제거해 준다고 생각하지만, 그것은 치명적인 오해입니다. 그들이 한 오해와는 반대로, 루터는 세상에 살지만 세속에 대하여 결정적인 저항을 하는 그리스도인들만이 하나님 은혜를 통하여 거룩함에 이른다고 가르쳤습니다. 그는 타락한 세상 속에서도 그리스도를 따를 수 있음을 설교하였으며, 세상에서의 삶을 통해서도 거룩한 경험을 지속할 수 있다고 가르쳤습니다. 루터가 믿었던 신앙은, 하나님께서는 죄를 의로운 것으로 인정해 주신다고 믿는 신앙이 아니라, 죄를 버린 죄인을 의인으로 인정해 주심을 믿는 신앙이었습니다. 그가 받아들인 은혜는 값비싼 은혜였습니다.

그는 자신의 모든 죄에 대해서 용서를 가져오는 것은 자신이 힘들게 쌓아나가는 공로나 희생이 아니라, 전적으로 하나님께서 자비와 긍휼로 베푸시는 은혜라는 사실을 깨달았습니다. 그는 고달픈 수도승 생활로부터 해방되었지만, 이전보다 더욱 엄숙한 마음으로 그리스도의 부르심을 받아들였습니다. 그는 하나님의 아들이 베푸신 값비싼 은혜를 깨달음으로써, 그리스도의 제자 길을 위대한 확신과 믿음을 가지고 걸어갈 수 있게 되었습니다. 루터는, 하나님의 아들이 치르신 대가가 너무나 크기에 그것은 타락한 인류에게 은혜가 될 수 있으며, 그러한 엄청난 은혜를 바라보고 묵상하는 그리스도인마다 희생적인 대가를 치르면서 그리스도를 끝까지 따라가게 된다는 사실을 깨닫게 되었습니다.

루터가 수도원에서 매우 참담한 경험을 하고 있을 때, 그는 믿음을 통하여 모든 죄로부터의 자유와 용서를 붙잡게 되었습니다. 그는 스스로의 힘으로 결코 극복할 수 없었던 죄를 하나님의 용서하시는 은혜에 의존하여 사함을 받을 수 있다는 진리를 깨닫게 되자, 그는 그러한 은혜를 베푸시는 그리스도께 이전보다 더욱 큰 헌신과 충성을 바칠 수 있게 되었습니다. 그러한 개인적인 경험을 통해서, 루터는 하나님의 은혜는 자신 생애 전체를 대가로 지불하는 삶을 살도록 요구한다는 사실을 깨닫게 되었습니다.

루터는 자신이 그리스도의 은혜를 깨닫는 순간, 일생 처음으로 그리스도께 완전하고 순수한 순종을 드릴 수 있었다고 고백하였습니다. 루터에게 있어서 사랑과 감사의 정신은 그로 하여금 그리스도께 완전한 헌신과 충성을 드릴 수 있도록 만들었습니다. 은혜는 그에게 그리스도 제자로서의 직분을 면제해 주는 것이 아니라, 더욱 더 열성적인 제자의 길을 걸을 수 있게 해주는 원동력이 된다는 사실을 깨달았습니다. 바로 이것이 마틴 루터가 은혜에 대해서 깨달았던 바입니다.

루터는 오직 은혜만이 사람을 구원할 수 있다고 말하였습니다. 루터를 따르던 그의 후예들은 루터의 교리를 받아들였지만, 루터의 경험을 이해하는 일에는 실패하였으며, 루터가 했던 말만을 되풀이 하였습니다. 루터의 경험을 체험하지 못한 그의 후예들은 하나님의 은혜를 깨달은 그리스도인들이 걷게 되는 제자의 길을 가르치는 일에 실패하였습니다. 물론, 마틴 루터는 오직 은혜를 통해서만 구원받을 수 있음을 말하였습니다.

그러나 우리는 그가 그러한 설교나 가르침을 강조할 수밖에 없었던 상황과 배경을 이해해야만 합니다. 그는 그 당시에 가장 열성적이고, 가장 엄격한 방법으로 그리스도를 따르고자 결심한 수도승들을 대상으로 설교하였다는 사실을 이해해야 합니다. 그러한 사람들의 믿음을 하나님의 은혜를 향하여 돌리고자 했던 루터의 의도를 이해해야 합니다. 혹독한 규율과 엄격한 생활을 통하여 그리스도를 따르고자 하는 사람들에게 그리스도의 제자로서의 의무나 직분을 강조할 필요가 있었을까요? 대답은 분명합니다. 그 당시 루터는 수도승들에게 가장 적합한 설교를 하였을 뿐입니다.

루터는 우리가 아무 것도 할 수 없지만, 그럼에도 불구하고 우리는 선한 생애를 살 수 있다고 말하였습니다. 또한 어떤 것도 우리를 하나님 앞에서 인정받도록 만들 수 없으며, 오직 "죄를 용서하시는 하나님의 은혜와 자비"만이 우리에게 가능성을 제공한다고 말했습니다. 그러나 그러한 말은 그가 수도원을 나올 때, 즉 두 번째로 모든 것을 버리고 그리스도를 따르라는 부르심에 응하면서 했던 말이라는 사실을 이해해야 합니다. 루터는 엄청난 죄로부터 사함을 받을 수 있는 유일한 길은 믿음으로 그리스도의 은혜에 의지하는 것이라는 진리를 깨달았습니다.

이와 같이 죄에 대한 보다 분명한 깨달음은 루터로 하여금 그리스도를 더욱 열심히 따르게 만들었습니다. 그는 언제나 죄의 문제에 대한 해결책으로서 은혜를 바라보았지, 방종과 게으름에 대한 핑계로서 은혜를 간구하지 않았습니다. 그가 얻은 해결책은 인간에 의해서 만들어진 것이 아니라, 하나님의 아들에 의해서 마련된 것이었습니다. 그러나 루터를 따르던 후예들은 루터가 발견한 해결책을 자신들의 경험으로 깨닫지 못하였으며, 은혜를 거듭나지 못한 사람들의 마음을 위로하는 교리나 수단으로 만들어 버렸습니다. 바로 그것이 오늘날 기독교계에 가장 치명적인 타격을 주고 있는 값싼 은혜에 대한 가르침의 기초가 되었습니다.

5. 값 싼 은혜가 가져온 재앙들

만일 은혜가 그리스도인 신앙생활에 있어서 한낱 지식에 불과한 것이 된다면, 우리는 우리가 원하는 모든 곳을 가게 되며, 우리가 원하는 모든 죄를 범하게 되고, 그러면서도 여전히 하나님의 용서하시는 은혜가 우리의 죄를 덮어준다고 믿게 됩니다. 본성적으로, 사람은 가장 싼 값을 주고 은혜를 얻을 수 있는 장소를 찾으려고 합니다.

본성적으로, 사람은 자신도 모르는 사이에 자신의 이기적이고 세속적인 마음을 만족시켜 주는 설교를 하는 목사나 교회를 좋아하게 됩니다. 마틴 루터가 말했던 오직 은혜로만 구원받는다는 말을 잘못 이해한 사람들은 이기적이고 세속적인 신앙을 붙들게 되며, 그리스도를 받아들이기 이전의 상태 그대로 남아 있으면서도, 여전히 하나님의 은혜가 자신을 덮어주고 있다는 확신을 가지고 살게 됩니다.

은혜에 대한 잘못된 가르침으로 인하여, 교회는 깊은 세속으로 빠져들어 갔습니다. 교회와 세상 사이에 차이가 없어졌으며, 그리스도인과 세상사람 사이에도 극적인 대조가 사라지게 되었습니다. 그리스도인이 세상 사람처럼 이기적이고 위선적이며, 세상 사람처럼 말하고 행동하는 시대가 되었습니다. 그뿐만 아니라, 하나님의 은혜의 가치를 깨닫고 그리스도의 제자의 길을 걷고자 하는 진실한 그리스도인들이 교회 안에서 이상한 사람으로 취급 받는 상황에까지 이르게 되었습니다. 오늘날에는 일주일에 한 번씩 교회에 가는 것으로서 그리스도인으로서의 의무를 충분히 수행했으며, 그것으로 자신의 죄를 용서함 받았다고 생각하는 그리스도인들이 대량으로 생겨나게 되었습니다. 바로 이것이 은혜에 대한 잘못된 가르침이 그리스도 교회에 가져온 참상입니다.

이제, 사람들은 더 이상 그리스도를 따르려고 하지 않습니다. 왜냐하면 값싼 은혜가 그들을 제자로서의 의무와 직분으로부터 해방시켰으며, 그리스도를 따르는 길에 나타나는 필연적인 대가를 면제하여 주었기 때문입니다. 지식으로만 이해하는 값싼 은혜는 사람들로 하여금 가장 싼 값을 치르고 그리스도를 따라가도록 만들고 있습니다. 우리는 값싼 은혜의 가르침이 만들어 놓은 결과들을 보면서 엄숙한 두려움을 느껴야 합니다. 누가 값싼 은혜의 가르침 때문에 멸망으로 들어가는 영혼들에 대한 책임을 질 것인가요?

매우 미묘하고 혼돈 시키는 기만이 여기 있는데, 값싼 은혜를 믿는 사람들과 값비싼 은혜를 믿는 사람들이 공히 "오직 믿음으로 말미암아 의롭게 된다"고 주장하기 때문입니다. 그러나 하나님의 은혜를 잘못 이해하거나, 그것을 개인적으로 체험하지 못할 때, 그리스도인의 신앙이 크게 빗나갈 수 있다는 사실을 깊이 이해해야만 합니다. 오늘날, 루터의 의도와는 달리 그의 말이 정반대의 의미로 해석되고 있는 모습을 보면서 깊은 절망마저 느끼게 됩니다. 물론, 아직도 루터와 개혁자들이 가르쳤던 값비싼 은혜에 대하여 존경심을 표하는 사람들이 있지만, 값싼 은혜의 가르침에 대항하기 위해서 일어서는 사람들은 극히 드문 것을 봅니다.

사람은 자신이 믿는 대로 된다는 것이 성경이 말하는 진리입니다. 만일 우리가 값싼 은혜의 가르침을 믿는다면, 우리는 그것이 말하는 바대로 살게 될 것입니다. 그러나 우리가 값비싼 은혜를 믿는다면, 우리는 그리스도의 부르심에 감사의 정신으로 대가를 치르면서 응답하게 될 것입니다. 어떤 사람들은 은혜를 가장 값싸고 쉬운 것으로 만드는 것이 루터의 후예로서 마땅히 해야 할 일이라고 생각하는 듯합니다. 그들은 은혜를 어떻게 하면 쉽고 간편하며 값싸게 만들 수 있을까를 위해서 골몰하는 듯 보입니다. 그래서 오늘날, 루터의 가르침을 지지한다고 공언하는 사람들의 대다수가 그리스도인은 십자가를 지고 그리스도를 따라가야 된다고 믿는 사람들을 율법주의자로 보게 되는 상황에까지 이르렀습니다.

그리스도의 가르침과 발자취를 따르기 위해서 희생하고 노력하는 사람들이 극단 또는 이단으로 정죄 받는 세대가 되었습니다. 이러한 분위기 때문에, 기독교는 가장 인기 있는 종교가 되었고, 많은 사람이 기독교회로 개종할 수 있게 되었습니다. 비록 기독교계에서 루터를 지지한다고 말하는 목사들이 가장 믿을 수 있는 성직자로 신뢰받고 있지만, 참된 제자의 직분에 대한 가르침은 희생되고 말았습니다. 그리스도인으로서 마땅히 지불해야 할 대가가 너무나 싼 값으로 책정되었으며, 값싼 은혜의 가르침을 지지하는 사람들이 교회 안에서 승리자가 되었습니다.

그러나 우리들은 값싼 은혜가 가져온 결과가 부메랑처럼 우리 자신들에게 돌아오고 있다는 사실을 깨달아야 합니다. 세속과 부정직으로 붕괴되어 가고 있는 커다란 교단들의 모습이 보이지 않습니까? 그리스도인의 위선과 부도덕에 치를 떨면서 교회를 무시하는 세상 사람들의 코웃음 소리가 들리지 않나요? 수많은 사람을 도매 값으로 침례 주며, 회개하고 진리를 확신하는 일 없이 구원받았다고 자위하는 그리스도인들이 교회를 채워가고 있습니다. 마땅히 책망 받아야 할 죄인들에게 하나님의 은혜가 그들의 죄를 가려 줄 것이라고 위로하는 무책임한 성직자들의 숫자가 날로 증가하고 있습니다.

그치지 않는 은혜의 샘을 퍼붓듯이 나누어 주고 있지만, 그리스도를 따르기 위해서 좁은 길로 들어가라는 설교는 점점 더 듣기 힘들게 되었습니다. 초기 사도 시대의 교회에서 가르쳐졌던 그러한 진리를 어디서 찾을 수 있나요? 값비싼 은혜에 감격하여 자신의 목숨을 단두대와 화형대 위에 던졌던 선구자들의 모습을 어디서 찾을 수 있나요? 기독교계 전반에 걸쳐서 내리고 있는 값싼 은혜의 재앙이 보이지 않나요? 바로 이것이 소위 복음주의자들이라고 불리는 사람들이 교회 안에서 값싼 은혜를 가르친 결과로 내려진 재앙들입니다.

6. 구원을 빼앗아 가는 값 싼 은혜

아무런 양심의 가책도 없이 불순종의 생애를 살 수 있도록 교인들을 준비시키는 것이 값싼 은혜의 가르침입니다. 값싼 은혜는 그리스도인들을 세상에서 좋지도 나쁘지도 않은 어중간한 사람들로 만들어 버렸습니다. 많은 그리스도인이 제자로서의 직분을 잃어버렸으며, 그리스도의 헌신적인 도구가 되지 못하게 되었습니다.

급기야는 하나님의 은혜로 인하여 모든 그리스도인의 구원이 이미 완성되었다는 말을 듣는 지경에까지 이르게 되었습니다. 이러한 가르침에 익숙해져 있는 사람들은 그리스도께서 지금 당신을 부르고 계신다는 말을 들을 때에 어리둥절하며 당황하게 됩니다. 왜냐하면 값싼 은혜에 대한 가르침을 붙들고 있는 사람들은 값비싼 은혜에 대한 진리에 대하여 눈이 가려지게 되기 때문입니다.

깊은 기만 속에서, 그들은 값싼 은혜가 자신들을 구원하여 줄 것이라고 확신하면서 살게 됩니다. 그들의 생애 속에서 제자로서의 의무와 순종의 삶을 이끌어갈 만한 실제적인 능력이 결여되어 있음에도 불구하고, 그들은 자신들을 위한 구원이 이미 모두 이루어졌다고 믿습니다. 이러한 사람들은 자신들의 마음속에서 들려오는 성령의 음성을 정확하게 듣지 못하게 되며, 성령의 능력이 자신의 실제적인 생활 속에서 어떻게 역사하는지를 전혀 이해하지 못합니다. 오늘날 그리스도 교회에 있어서 은혜에 대한 오해는 계명의 행함에 대한 오해보다 훨씬 무서운 재앙을 가져오고 있다고 말할 수 있습니다.

값비싼 은혜에 대한 가르침을 올바로 이해하지 못하면 자신을 부르시는 그리스도의 음성을 듣지 못하게 됩니다. 우리는 정직한 마음으로 대다수의 교인들이 참된 제자의 길을 걷고 있지 않다는 사실을 인정해야만 합니다. 다른 사람들이 우리를 정통이라고 불리는 큰 교단에 다니는 교인들로 인정해 줄지라도, 우리가 그리스도의 부르심에 정직하게 응하지 않는다면, 우리는 하나님의 참 교회에 속한 진짜 그리스도인들이 아니라는 사실을 인정해야만 합니다.

우리는 "제자 되는 직분(Discipleship)"과 "은혜" 사이에 존재하는 상관관계를 반드시 이해해야만 합니다. 우리는 "무엇이 그리스도 교회를 이토록 참담하게 만들었는가?"라는 질문에 대해서 분명한 대답을 가지고 있어야 합니다.

7. 값 비싼 은혜 - 참 은혜

하나님의 참 은혜를 발견한 사람은 세상에서 가장 행복한 삶을 살게 될 것입니다. 그들은 세상이 줄 수 없는 만족과 평화를 마음에 담고서 살아갈 것입니다. 그리스도의 은혜를 통하여 사탄의 권세를 이기는 사람은 겸손한 마음으로 그분의 한량없는 은혜를 찬송하게 될 것입니다.

은혜를 아는 사람들은 사람들에게 은혜로운 사람이 될 것이며, 그리스도의 발자취를 따라감으로써 세상이 흉내 낼 수 없는 자유를 만끽하게 될 것이고, 하늘 시민으로서의 확신을 자랑하지는 않지만 분명하게 인식하면서 살게 될 것입니다. 하나님의 값비싼 은혜를 통하여 가장 가치 있는 삶을 사는 그리스도인으로 변화될 수 있다는 소식이야말로 우리 모두에게 진정한 복음이 아니겠습니까?

그러나 내게는
우리 주 예수 그리스도의 십자가 외에
결코 자랑할 것이 없으니
그리스도로 말미암아
세상이 나를 대하여 십자가에 못 박히고
내가 또한 세상을 대하여 그러하니라
갈라디아서 6:14

제2부 진짜 그리스도인의 길

1. 진짜 그리스도인은 십자가를 부끄러워하지 않는다

처음 그리스도인이 될 때, 예수님을 "받아들이는(영접하는) 행위로써" 그리스도인의 생활을 시작한다는 주장이 맞는 말이지만, 이것이 전부는 아닙니다. 기독교는 받아들임과 거부, 긍정과 부정을 모두 포함합니다. 이것은 회심하여 처음 예수 그리스도를 믿을 때뿐만 아니라, 그 후에 신앙생활을 계속할 때에도 해당되는 말입니다.

즉, 그리스도인이 평생의 싸움을 다 마치고 본향으로 돌아갈 때까지 날마다 이 진리는 적용됩니다. 그리스도를 영접하기 위해서는 우리는 그리스도가 미워하시는 것들을 모두 거부해야 합니다. 그리스도인 생활에는 부정적인 면도 있고 단점도 있습니다. 그렇습니다. 분명히 단점이 있습니다.

주님은 사람들에게 자기를 따르라고 부르실 때, 결코 쉬운 길을 제시하지 않으셨습니다. 주님은 우리가 지금 전도할 때 사람들에게 말하기를 꺼리는 것들을 주님의 제자들에게 서슴없이 말씀하셨습니다. 오늘날의 전도자들 중 주님처럼 "아무든지 나를 따르려거든 자기를 부인하고 날마다 제 십자가를 지고 나를 좇을 것이니라."(눅 9:23)라고 말할 용기를 가진 사람이 얼마나 있겠습니까? 그리고 안타깝게도 스스로 그리스도인이라고 고백하는 수많은 사람은 이토록 험하고 힘든 신앙의 길을 갈 수 있는 도덕적 능력 자체가 없습니다.

오늘날의 도덕적 풍토는 우리 주님과 사도들이 가르친 엄하고 질긴 신앙을 별로 좋아하지 않습니다. 현재 종교적 온실에서 만들어지는 허약하고 깨지기 쉬운 성도들은, 과거에 목숨을 아끼지 않고 복음을 증거 하다가 죽어간 신자들에 비교하면 참으로 한심하다고 할 수 있습니다. 이에 대한 책임은 오늘날 교회 지도자들에게 있습니다. 그들은 사람들에게 희생 없이도 하나님을 섬길 수 있다고 말할 뿐입니다.

오늘날 교회들은 유약한 그리스도인들로 가득합니다. 그들은 무엇인가 재미있는 것들로 즐겁게 해주어야만 교회에 나옵니다. 의를 사랑하기 위해서는 죄를 미워해야 하며, 그리스도를 받아들이기 위해서는 자신을 거부해야 하며, 선한 길을 따르기 위해서는 악한 길을 떠나야 한다는 것을 그리스도인들이 언제 깨달을 것인가요?

이 세상과 친구가 되는 것은 하나님과 원수가 되는 것입니다. 그리스도인의 삶을 살아가면서 앞으로 나갈수록, 그리고 높이 올라갈수록 우리 앞에는 더 많은 어려움이 놓여 있고, 우리 영혼의 공격이 더 거세어진다는 사실을 말해주는 사람들이 별로 없습니다. 그러나 성숙한 그리스도인들은 이 사실을 알고, 어려움과 고난의 길을 즐거움으로 가며, 또한 그 고난을 해결하는 방법을 배워야 합니다.

예수님을 따라가는 길은 성령 충만한 삶이지만, 강도들이 창궐하는 숲을 통과하는 순례의 길이요, 마귀와 처절하게 싸우는 전쟁입니다. 성령 충만하면 언제나 갈등이 있게 마련입니다. 때로는 자신의 본성과 사력을 다해서 싸워야 할 때도 있습니다. 우리가 완전히 승리하는 방법은 승리하신 그리스도의 길을 따르는 것입니다.

2. 진짜는 가시면류관 복음을 믿는다

이 세상에는 극소수이지만 생사의 문제처럼 필수적인 일들이 있습니다. 그런데 우리 그리스도인들에게 있어 그리스도와 어떤 관계를 맺느냐 하는 것은 바로 생사가 달린 가장 큰 문제라고 할 수 있습니다. 예수 그리스도가 죄인들을 구하기 위하여 이 세상에 오셨으며, 우리의 공로와 상관없이 오직 그분에 의해서 구원을 받는다고 성경이 가르치는 것은 사실입니다. 그러나 그리스도의 죽으심이 자동적으로 모든 사람을 구원하는 것은 아닙니다. 거기에는 세 가지 아주 중요한 질문이 적용되어야 하고, 그 질문에 어떻게 대답하는가에 따라 우리의 영생이 결정되는 것입니다.

그 질문은, "객관적으로 제공된 구속이 어떻게 하면 주관적으로 받아들여진 구원이 되는가?", 또 "그리스도께서 나를 위해 이루신 일이 어떻게 내 안에서 효력을 발휘할 수 있는가?", 그리고 "구원을 얻기 위해서 내가 무엇을 해야 하는가?"라는 세 가지입니다. 이 중대한 질문에 대해 복음적인 그리스도인들은 "주 예수 그리스도를 믿어라.", "그리스도를 당신의 개인적인 구주로 받아들여라.", "그리스도를 영접하라."는 세 가지 답을 내 놓습니다. 그러나 이 세 가지 대답들은 사실 다 동일한 것입니다.

요즈음의 그리스도인들은 "그리스도 영접"을 마치 만병통치약(?)처럼 여깁니다. 우리는 영적으로 게으릅니다. 그래서 신앙적인 문제들을 해결하려고 할 때 가장 쉬운 길을 택하려는 쪽으로 기울어지며, 그리하여 "그리스도 영접"을 만병통치약처럼 사용하여 보편적으로 적용합니다. 심지어 그들은 순간적인 마음의 충동에 의해서, 고통이나 손해 없이, 평상시의 삶의 방식을 바꾸는 수고 없이 그리스도를 영접할 수 있다고 믿습니다.

이 태도는 생사를 가르는 중대한 문제를 해결하는 데 아무런 효과가 없습니다. 비유를 들어보겠습니다. 만일 과거에 이스라엘 민족이 유월절의 피를 "받아들인(영접한)" 후에 계속해서 애굽에서 종살이를 하겠다고 고집했다면, 탕자가 아버지의 용서를 "받아들인(영접한)" 후에 계속 먼 나라의 돼지들 틈에서 생활했다면 어떻게 되었겠습니까? 그리스도를 영접한다는 것이 어떤 의미를 가지려면 거기에 따르는 행동의 변화가 있어야 하는 것 아닌가요?

3. 그리스도를 영접한다는 뜻

그리스도를 영접한다는 것은 "그리스도와 연합하는" 것을 의미합니다. 이 경험은 아주 독특한 경험으로서, 이 연합은 지적인 측면, 의지적인 측면, 그리고 감정적인 측면을 포괄합니다. 지적인 면에서 신자는 예수님이 자신의 주시요, 그리스도라고 확신합니다. 의지적인 면에서 그는 어떤 대가를 치르더라도 그리스도를 따르겠다고 결심합니다. 그 결과 감정적인 면에서 그는 그리스도와의 교제에서 오는 큰 기쁨을 누립니다. 그리스도를 구주로 인정할 뿐만 아니라, 주로 인정하는 데는 많은 혁명이 따릅니다. 진짜 그리스도인은 그리스도의 일부분만을 받아들이지 않고 그분의 모든 것을 받아들입니다.

그리스도의 모든 것을 받아들이고 그분 이외의 다른 것들을 철저히 부정하는 것은 하나님의 명령입니다. 그리스도를 영접하는 것은 "주의 어떠하심과 같이 우리도 세상에서 그러하니라"(요일 4:17)는 말씀의 의미를 이해하는 것입니다. 그리스도를 영접하는 신앙은 그리스도의 친구들을 우리의 친구들로, 그리스도의 원수들을 우리의 원수들로, 그리스도의 방법들을 우리의 방법들로, 그리스도의 거부하시는 것을 우리가 거부하는 것으로, 그리스도의 십자가를 우리의 십자가로, 그리스도의 생명을 우리의 생명으로, 그리스도의 미래를 우리의 미래로 받아들이는 것입니다.

"솜사탕처럼 달콤한 복음"을 제시하면서 산허리 양지 바른 곳을 약속하는 것은 사람들을 잔인하게 속이는 것입니다. 소위 "쌀 크리스천"이라는 말이 있는데, 그 뜻은 물질적 이익을 위해서 기독교를 받아들이는 사람들을 가리킵니다. 복음을 제시할 때, 그리스도의 제자가 되기 위해서 치러야 할 대가를 제대로 알려주지 않기 때문에 교회들에서 많은 "쌀 크리스천"들이 양산되고 있습니다. 그리스도는 자신의 제자가 되겠다는 사람들에게 무엇을 약속하시나요? 그분은 죄 사함, 내적 청결, 하나님과의 화평, 영생, 성령을 선물로 받는 것, 유혹의 극복, 부활, 영화롭게 됨, 하나님과 영원히 거할 수 있는 처소들을 약속하십니다. 이런 것들은 영적인 축복이지 물질적인 것들이 아닙니다.

진짜 신앙을 가진 사람은 그리스도의 승리를 믿기 때문에, 그 승리에 참여하기 위해서 어떤 고난도 마다하지 않으며, 예수 그리스도를 따르는 데 요구되는 가시 면류관도 달게 받습니다. 반면, 가짜 신앙을 가진 사람에게는 아무런 극기도, 희생도, 자아부인도 요구되지 않는 솜사탕 같은 편안한 신앙의 길만이 좋을 뿐입니다.

4. 진짜는 주님의 "일" 보다 "주님"에 우선 순위를 둔다

그리스도인은 사고하는 사람들이 되어야 합니다. 성경은 "너희 안에 이 마음을 품으라 곧 그리스도 예수의 마음이니"(빌 2:5). "예수 그리스도께서 너희 안에 계신 줄을 너희가 스스로 알지 못하느냐 그렇지 않으면 너희가 버리운 자니라"(고후 13:5)고 말합니다.

그러므로 신자의 마음은 그리스도 안에 거하시는 그리스도의 영이 지배하고 인도해야 합니다. 성령으로 충만하여 기도를 열심히 하는 그리스도인은 그리스도의 마음을 소유하고 있기 때문에, 외부 세계에 대한 그의 반응은 그리스도의 반응과 동일할 수밖에 없습니다. 그는 사람들과 사물들에 대해서 그리스도처럼 생각합니다. 이렇게 될 때 모든 삶이 달콤하게 변합니다.

그러나 이런 과정이 저절로 이루어지는 것은 아닙니다. 우리가 하나님처럼 사고하기 위해서는 하나님을 늘 생각해야 합니다. 프랑소와 마라발은 이렇게 말했습니다. "하나님은 자신에게 오직 나밖에 없는 것처럼 언제나 나를 생각하신다. 그러므로 내가 나에게 하나님밖에 없는 것처럼 언제나 하나님만을 생각할 때 비로소 나는 하나님의 은혜에 겨우 보답하는 것이다."

우리를 둘러싸고 있는 사람들과 사물들에 대해서 생각할 때, 우리는 하나님에 대한 우리의 사고에 비추어서 생각해야 합니다. 성숙한 그리스도인은 어떤 것에 대해서도 직접적으로 사고하지 않습니다. 그의 사고는 먼저 하나님께 갔다가, 그분에게서 다시 그분의 피조물로 나아갑니다. 하늘을 향하는 마음을 가지려면 하늘을 향하는 사고를 해야 합니다. 우리 마음이 성화되려면 하나님께서 우리의 사고들을 주관하셔야 합니다.

5. 하나님을 묵상하는 것

시대와 다양한 교리적 강조점들을 초월하여 대부분의 그리스도인들이 동의하는 한 가지가 있습니다. 그것은 진지한 열망을 가진 그리스도인은 하나님을 자주 오랜 시간 묵상해야 한다는 것입니다. 물론 하나님을 깊이 묵상하려면 우선 건전한 신학적 지식을 가지고 있어야 합니다. 성령의 감동에 의하여 기록된 성경에 나타난 하나님의 자기 계시를 떠나서 그분을 찾는 것은 아무 소득이 없을 뿐 아니라 위험합니다.

이 시대에 그리스도를 진심으로 믿는 사람들 중에 위대한 성자들을 찾아보기 힘든 이유는 무엇인가요? 확신하건대 적어도 부분적으로 그 원인은, 우리가 하나님을 아는 일에 충분한 시간을 투자하려고 하지 않기 때문입니다.

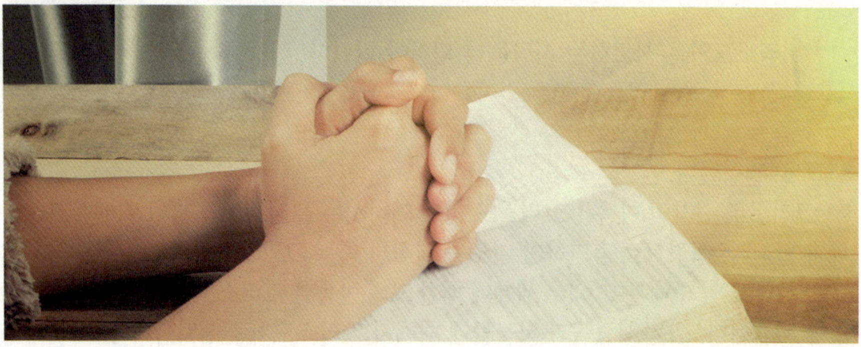

6. 활동주의의 희생자?

그리스도인은 안타깝게도 잘못 이해된 "활동주의"의 희생자들입니다. 누군가 표현했듯이, 소위 "일(Work)의 복음"이 교회 안으로 밀고 들어와서 "그리스도의 복음"을 밀어냈습니다. "주님의 일"을 이루려고 하는 중에 종종 우리는 "일의 주님"과의 접촉을 잃어버릴 뿐만 아니라, 말 그대로 사람들을 탈진시킵니다. 자신들의 교회가 살아있는 교회라고 자랑하는 목회자들을 종종 만나게 됩니다. 그들은 주간과 야간의 여러 집회들과 행사들을 적어놓은 달력을 그 증거로 제시합니다. 그러나 이것은 그 목회자와 교인들이 잘못된 철학의 인도를 따르고 있음을 말해 줄 뿐입니다.

만일 지금 많은 교회에서 이루어지는 활동들이 죄인을 구원하고 신자를 온전케 한다면, 그것은 큰 열매를 맺을 것입니다. 고독과 침묵의 열매들을 많이 맺을 수 있도록 시간을 할애하는 방향으로 교회의 활동들이 재편되어야 합니다. 우리의 시끄럽고 분주한 활동들이 다 중지되어 우리가 하나님의 음성을 듣고 하나님을 느낄 수 있게 될 때까지 하나님은 기다리십니다. 성경을 깊이 묵상하고, 성경에 계시된 하나님을 신앙으로 받아들이십시오. 이것이 하나님을 아는 최고의 방법입니다.

7. 진짜 영적인 그리스도인은?

자신들이 남보다 더 거룩하다고 말하는 그리스도인에게서 흔히 볼 수 있는 "행복에 대한 갈망"은 실상 그들이 거룩하지 않다는 충분한 증거입니다. 정말로 영적인 사람은, 기쁜 일이 생겨나도 교만해지지 않을 정도로 성숙했을 때에 비로소 하나님이 우리에게 기쁨을 부어 주신다는 것을 잘 압니다. 존 웨슬리는 초기 감리교 단체들 중 한 단체의 구성원들에 대해 이렇게 말했습니다. "내가 보기에 그들은 사랑 안에서 온전해진 것 같지 않습니다. 왜냐하면 그들은 어떻게 하면 거룩해질 수 있는지를 배우기 위해서가 아니라, 종교를 즐기기 위해 교회에 오기 때문입니다."

이 세상에서 스스로 고난과 수치를 당하면서까지 하나님의 영광을 위해 노력하는 사람은 신령하다고 말할 수 있습니다. 그는 자신이 어떤 희생을 치르더라도 하나님의 영광을 위해 사는 것을 기쁨으로 삼으며, 늘 그분의 영광을 갈망합니다. 역경과 환난은 의인과 악인에게 모두 찾아오는 것입니다. 많은 그리스도인은 그것을 십자가라고 부르지만, 사실 "십자가"라는 것은 우리가 굳이 당하지 않아도 되는 환난을 그리스도를 순종하기 때문에 당하는 것입니다. 영적인 사람은 그리스도에게 순종하기를 선택함으로써 십자가를 선택하는 것입니다. 십자가를 진다는 것은 그리스도에게 연합되고, 그리스도의 주권적 지배를 받아들이고, 그리스도의 명령에 순종하는 것입니다.

모든 것을 하나님의 관점에서 보는 사람이 영적인 그리스도인입니다. 모든 것을 하나님의 저울로 달아보고, 하나님께서 단지 표면만 아니라 본질을 꿰뚫어 보고 평가하시듯이 그것들의 가치를 평가하는 것이 성령 충만한 삶의 표시입니다. 육적인 그리스도인은 본질을 보지 못하고 겉모습만 보기 때문에 그에 따라 우쭐하기도 하고 낙심하기도 합니다. 영적인 그리스도인은 곤란을 당한다 할지라도 하나님의 관점에서 모든 것을 판단하기를 고집합니다.

신령한 사람의 특징은 옳게 사는 것을 택하는 것입니다. 성숙한 하나님의 사람의 특징은 세상에 대해 초연한 자세를 취하는 것입니다. 세상을 사랑하며 집착하는 그리스도인들은 죽음을 두려워하지만, 성령으로 사는 사람은 이 땅에 집착하지 않고 오히려 남은 인생을 가치 있게 살며, 의로운 삶을 살기를 원합니다. 그는 하나님께서 여생의 길이를 결정하시도록 맡기고 평안을 누리며 삽니다.

성령이 충만한 그리스도인의 또 다른 특징은 다른 사람들이 발전할 수 있도록 자신을 기꺼이 희생하는 것입니다. 그는 다른 그리스도인들을 자신보다 낫게 여기고, 자신은 주목 받지 못해도 그들이 향상되는 것을 보고 기뻐합니다. 그의 마음에는 시기심이 없습니다. 그의 형제들이 영예를 얻을 때 그는 기뻐하는 데, 왜냐하면 그것이 바로 하나님의 뜻이며, 그 뜻이 그의 지상 천국이기 때문입니다. 하나님이 기뻐하실 때 그도 역시 기뻐하는데, 왜냐하면 그는 하나님이 기뻐하시기를 원하기 때문입니다. 다른 사람들이 그보다 높아지는 것을 하나님이 기뻐하신다면 그는 자신의 낮아짐을 얼마든지 기쁨으로 받아들입니다.

8. 무료 교환

기독교의 교리의 뿌리는 "대속의 교리"입니다. 대속은 죄인들의 죄가 구주에게 전가된 것을 의미합니다. 그리스도께서 십자가에서 죽으심으로 말미암아 죄인이 죄에서 벗어나 그리스도의 의를 취할 수 있게 되었습니다. 그 누구도 이 진리를 믿도록 강요할 수는 없을 것입니다. 그러나 인간이 이것을 받아들이든지 받아들이지 않든지 진리는 진리입니다.

그런데 이것은 단지 시작에 불과합니다. 이런 시작 이후에 거의 모든 것은 나쁜 것을 좋은 것으로 교환하는 과정의 연속입니다. 죄가 의로 바뀐(교환된) 다음에는 "진노"가 "받아들임"으로 교환됩니다. 그 다음에 일어나는 교환은 죽음과 생명의 교환입니다. 하나님의 방법은 사람의 방법과 다릅니다. 그분은 기존의 것들을 꿰매어서 좀 더 좋은 것으로 만들어내는 방법을 사용하지 않으십니다. 그분은 인간을 새 사람으로 만듦으로써 인간을 변화시키십니다. 그분은 새 생명을 주시고 옛 사람을 파괴하는 작업에 착수 하십니다.

그런데 이 단계에서 그리스도인은 약한 것을 강한 것으로 교환합니다. "내가 약할 그 때에 곧 강함이니라"(고후 12:10). 사실, 가장 강한 상태에 있는 가장 순수한 성도조차 그의 회심 전과 마찬가지로 약합니다. 회심을 통해서 일어난 변화는 단지 미미한 인간의 자원이 아닌 하나님의 무한한 능력으로 살 수 있게 되었다는 것입니다. 말 그대로 그는 약한 것을 강한 것으로 교환했습니다. 물론 그 교환 후에도 그 "강함"은 그의 것이 아니다. 그 "강함"은 그가 그리스도 안에 머무는 동안 하나님으로부터 그에게 흘러 들어온 것일 뿐 입니다.

9. 진짜 그리스도인은 신앙의 기본에 충실하다

세상을 살다 보면 참과 악을 구별하기가 참으로 힘들기 때문에 오류에서 완전히 벗어나기가 쉽지 않을 때가 있습니다. 그리스도인들도 예외가 아니어서 생각(판단)과 행동이 오류에 빠질 수 있습니다. 그러므로 예민한 영적 식별력을 가지는 것이 매우 중요합니다. 따라서 그리스도인들은 하나님께서 그들을 그런 혼미함에서 구하기 위해 마련해 주신 모든 수단을 충분히 이용하는 것이 무엇보다 중요합니다. 그 수단들은 기도, 신앙, 꾸준한 성경말씀의 묵상, 순종, 겸손, 진지한 사색, 성령님의 조명입니다.

올바른 기도와 성경에서 발견되는 하나님의 "자기 계시"를 믿는 신앙, 또 깨우침과 지식을 주는 성경 말씀을 주야로 묵상하고 그 말씀에 순종하는 것은 아주 중요합니다. 또한 겸손은 아주 중요하며, 교만하면 진리를 떠나기가 쉽습니다. 그리스도인들은 사색하는 사람들이 되어야 합니다. 사색하지 않는 사람의 마음속에는 많은 진리가 저장될 수 없을 것입니다.

성경은 지극히 높으신 분의 성도들은 진지하고 사려 깊은 사람들일 것이라고 당연시합니다. 그러나 성령님의 내적 조명이 없는 사색은 무익할 뿐만 아니라 위험스럽습니다. 하나님께서 성령님을 주셔서 우리 마음에 빛을 비추게 하셨습니다. 우리는 결코 그분 없이 살아가려고 해서는 안 됩니다.

10. 진짜 그리스도인은 변화를 믿는다

어떤 그리스도인들은 인간의 성품을 완전하게 만들어 주는 신비로운 힘이 시간에게 있다고 착각하고 있습니다. 그래서 어떤 그리스도인이 전혀 그리스도인답지 않게 행동하는 것을 보면 세월이 흐르면 그가 언젠가 거룩한 사람으로 변할 것이라고 믿습니다. 바보를 현인으로, 죄인을 성자로 만드는 것은 "시간"이 아니고 "변화"입니다. 더 정확히 말해서, 그리스도께서 사람들의 마음속에 변화를 일으키시기 때문에 그들이 변하는 것입니다.

기독교의 박해자 사울이 변하여 하나님의 종 바울이 된 것은 시간이 만들어낸 변화가 아니었습니다. 그 변화를 이루 신 분은 물을 포도주로 바꾸신 그리스도이셨습니다. 젊었을 때 충동적이고 고집 센 사람이 노년에 모세나 야곱처럼 변화하는 것을 볼 때 우리는 세월이 그런 변화를 가져왔다고 쉽게 생각하는 경향이 있습니다. 그러나 그것은 시간이 그렇게 한 것이 아니고 하나님이 그 변화를 이룬 것입니다. 많은 죄인은 구원의 날을 미루면서, 언제까지나 시간이 자기의 편이기를 막연히 바랍니다. 그러나 그가 실상 그리스도인이 될 가능성은 시간이 흐를수록 점점 줄어들게 됩니다.

우리는 "여호와를 만날만한 때에" 찾아야 합니다. "가까이 계실 때에 그를 부르"고 악한 길을, 불의한 생각을 버리고 여호와께로 돌아와 회개하여야 합니다. 우리는 이제 모두 하나님께로 돌아와 회개하고, 진정한 성품의 변화를 얻고 성령의 충만하신 열매를 생애에 맺는 진짜 그리스도인이 되어야 합니다. 그리고 처음 믿을 때뿐만 아니라, 그리스도인이 된 때부터 죽을 때까지 우리의 삶이 영적인 완전함을 향해 항상 전진하는 변화들을 겪으며 살아가야 합니다. 성령의 능력과 은혜를 매일 체험하며 사는 변화 있는 진짜 그리스도인들이 되시길 바랍니다!

성경공부
넘치는 은혜

5장

한 번 얻은 구원을 잃어버릴 수 있나요?

Once Saved, Always Saved?

제1부 구원 받는 것과 멸망 받는 것, 어느 것이 더 쉬울까?

1. 서론

다이너마이트 라는 단어는 헬라어의 "두나미스"(Dunamis)를 번역한 것으로서, 그 원어의 의미는 "능력"입니다. 성경에서 "능력"이라는 단어는 예수 그리스도의 복음을 묘사하기 위하여 종종 사용되는데, 바울은 "내가 복음을 부끄러워하지 아니하노니 이 복음은 모든 믿는 자에게 구원을 주시는 하나님의 능력(두나미스)이 됨이라 첫째는 유대인에게요 또한 헬라인에게로다"라고 말했습니다(롬 1:16).

얼마나 많은 그리스도인이 복음의 폭발적 능력에 대해서 올바로 이해하고 있을까요? 로마서 1장에 기록된 바울의 말씀이 사실이라면, 복음을 소유한 모든 사람은 놀라운 능력을 소유하고 있어야 합니다. 그러나 현실에서 과연 그렇습니까?

불행히도 대다수 그리스도인의 생활은 무기력하고 나약합니다. 놀라운 능력 대신에 실망과 패배가 그 자리를 차지하고 있습니다. 무엇이 잘못되었습니까? 그런 사람들이 정말로 복음을 믿고 있는 것인가요? 왜 그들의 생애 속에 그토록 능력(Dynamite, 다이너마이트)이 없을까요? 그들은 자신들이 공언하는 바를 진실로 믿지 않거나, 거짓 복음을 받아들임으로써 진짜 복음만이 줄 수 있는 능력을 잃어버렸다고 판단해야 하지 않겠습니까?

오늘날 가장 큰 영적 문제는 복음을 잘못 이해하는 데에서 기인합니다. 슬프게도, 수많은 사람이 복음을 통하여 자신들이 받는 것이 무엇이며, 그 복음이 그들을 위하여 무엇을 해줄 수 있는지를 올바로 이해하지 못하고 있습니다. 복음 속에 나타나 있는 하나님의 섭리를 이해하지 못하기 때문에, 사람들은 너무도 자주 넘어지게 되며, 자신들의 연약한 인간적 믿음으로 해낼 수 있는 것들만을 주장합니다.

2. 사탄은 하나님의 자녀를 손대지 못함

왜 그리스도인들이 능력을 잃어버린 채 자신들의 연약한 인간적 믿음으로 해낼 수 있는 것들만 주장하고 있는지 아십니까? 그 까닭은 그들이 사탄이 주는 두려움 때문에 겁쟁이가 되어 버렸기 때문입니다. 사탄은 사람들이 가지고 있는 가장 기본적인 특권에 대하여 그들을 성공적으로 기만하였습니다. 우리는 그 악한 자의 가면을 벗겨서, 그가 주장하는 거짓을 폭로시킬 필요가 있습니다. 사탄은 이 세상과 모든 사람을 자기 마음대로 할 수 있는 권리를 가졌다는 자신의 주장을 사람들이 믿게 되기를 소원합니다. 우리는 그의 거짓 주장을 믿어서는 안 됩니다. 그는 하나님의 자녀를 다스릴 권세가 없으며, 성도들을 해할 수 있는 능력이 없습니다. 그리스도께서 거하시는 곳과 그분께서 다스리시는 곳에서는 사탄이 꼼짝 못하고 벌벌 떨며 피합니다. 하나님의 능력이 사탄의 능력보다 훨씬 크다는 영광스러운 진리로 인하여, 우리의 마음이 항상 확신에 차 있도록 하십시다.

물론, 사탄은 대단한 힘을 가지고 있습니다. 우리는 사탄이 죄인들의 생활 속에 역사 하여 그들을 자기의 노예로 만들어 버리는 믿기 어려울 정도로 놀라운 영향력을 자주 보아왔습니다. 그러나 그리스도께서 그 죄인 속에서 사탄을 다시 쫓아내시고 영혼을 다스리실 때에는 선의 능력이 악의 능력을 지배하게 됩니다. 사탄보다 그리스도의 능력이 훨씬 더 크다는 것이 진리라면, 죄의 세력보다 은혜의 능력이 훨씬 더 크지 않겠습니까? 하나님과 그리스도와 성령의 능력은 이 우주 안의 어떤 존재와도 비교할 수 없는 위대한 것입니다. 그리스도께서 이미 십자가에서 벌어졌던 대쟁투에서 승리하셨으며, 사탄은 패배한 원수라는 사실을 기억하십시다. 우리가 이 사실을 정확하게 인식한다면 우린 멸망하는 것보다 구원받기가 훨씬 더 쉽다는 결론을 얻을 수 있습니다.

3. 힘든 것은 범죄자의 길이지 순종하는 자의 길이 아님

예수께서는 당신을 따르기가 쉽다고 선언하셨습니다. 그분께서는 그리스도인 생활에 따르는 여러 가지 제약이 가져오는 무거운 짐 때문에, 그리스도인들이 불행할 것이라는 암시를 전혀 주지 않으셨습니다. 오히려 그 길이 쉽고 가벼울 것이라는 약속을 주셨습니다. 예수께서 다메섹으로 가는 길에서 그분을 핍박하던 사울을 만나셨을 때, 그에게 "가시채를 뒷발질하기가 네게 고생이니라"고 말씀하셨습니다. 이 말의 의미는 분명합니다. 그분께서는 성령을 거역하는 일이 어려운 일이라는 사실을 말씀하셨던 것입니다. 범죄자의 길은 힘들지만, 순종하는 자의 길에는 마음의 평화와 안정이 있습니다.

우리는, 사탄이 자신의 능력을 거짓으로 과장함으로써, 우리를 세뇌하려고 하는 기만을 막아야 합니다. 죄의 지배 하에서는 옳은 일을 하기보다 그릇된 일을 하기가 더 쉽지만, 은혜가 다스리는 곳에서는 죄를 범하는 것보다 의를 행하기가 훨씬 더 쉽습니다. 왜 우리는 하나님의 자녀로서 우리에게 속한 특권을 주장하지 못합니까? 성경의 저자들은 제한된 사탄의 권위에 도전하기를 주저하지 않았습니다. 우리도 그래야 하겠습니다. 바울은 기록하기를, "율법이 가입한 것은 범죄를 더하게 하려 함이라. 그러나 죄가 더한 곳에 은혜가 더욱 넘쳤나니 이는 죄가 사망 안에서 왕 노릇한 것 같이 은혜도 또한 의로 말미암아 왕 노릇하여 우리 주 예수 그리스도로 말미암아 영생에 이르게 하려 함이니라"고 했습니다(롬 5:20,21).

"죄가…. 왕 노릇한 것 같이"라는 표현을 주의하여 보십시오. 어떻게 죄가 왕 노릇을 합니까? 죄가 다스리는 권세가 왕 같다는 말이지요. 모든 신령한 충동을 거스르는 육체적 본성은 은혜로 마음을 채우려는 우리의 모든 노력을 압도합니다. 그러나 은혜가 죄보다 "더욱 넘쳤"다는 것과 "죄가 왕 노릇한 것 같이 은혜도 왕 노릇"한다는 사실을 유의하십시오. 분명히 은혜도 죄의 모든 세력을 능가하는 압도적인 능력(Power)임이 틀림없습니다. 이것은 참으로 놀라운 보증이 아닙니까? 마귀는, 그리스도께 굴복된 생활 속에 역사 하는 복음의 폭발적인 힘에 비하면, 너무도 하잘것없는 힘을 가지고 있습니다.

4. 거절하지 않는 자는 모두 구원받을 것임

하나님께서는 우리를 구원하실 능력이 있으실 뿐만 아니라, 그렇게 하기를 소원하십니다. 모든 사람이 회개하고 구원을 받는 것이야말로 그분의 진정한 뜻입니다. 사도 바울은 우리에게 보증하기를, "하나님의 인자하심이 너를 인도하여 회개케 하신"(롬 2:4)다 라고 하였습니다. 그분께서는 얼마나 많은 사람을 회개로 인도하고 계십니까? 물론 모든 사람을 인도하고 계십니다. 왜냐하면, 모든 사람을 구원하는 것이 그분의 뜻이기 때문입니다. 그리스도께서는, "내가 땅에서 들리면 모든 사람을 내게로 이끌겠노라"(요 12:32)고 하셨습니다.

그분의 사랑은 소수의 선택된 자들에게만 호소하는 것이 아니라, 모든 사람에게 호소하십니다. 그분의 선하심은 모든 영혼을 회개로 인도하며 그분의 사랑은 모든 사람을 십자가로 이끕니다. 만일 그것이 사실이라면, 왜 모든 사람이 구원받지 못합니까? 그것은 그들이 구원받지 않으려고 애를 쓰기 때문입니다. 누구든지 성령의 부드러운 인도하심과 호소에 저항하지 않고서는 멸망할 수 없습니다. 그래서 예수께서는 사울에게, "가시 채를 뒷발질하기가 네게 고생이니라"고 말씀하셨던 것입니다.

이 얼마나 놀라운 사실입니까? 구원을 받는 것이 어려운 일이 아니라, 하나님의 구원 역사를 대항하여 싸우는 것이 어려운 일입니다! 우리가 저항하지만 않는다면, 하나님께서는 당신의 섭리대로 우리를 당신께로 이끄실 것입니다. "구원을 주시는 하나님의 은혜가 모든 사람에게 나타"(딛 2:11, KJV) 났습니다. 얼마나 많은 사람에게 나타났습니까? "모든 사람에게!" 히브리서 2장 9절은, 예수께서 "모든 사람을 위하여" 죽음을 맛보셨다고 말합니다. 또한 "하나님께서 그리스도 안에 계시사 세상을 자기와 화목하게"(고후 5:19 영문) 하셨습니다. 온 세상이 모두 구원받지 못하게 되는 단 한 가지 이유는, 대다수 사람이 의롭게 하고 거룩하게 하는 하나님 은혜의 섭리를 저항하기 때문입니다.

성경은, "한 범죄로 모든 사람이 정죄에 이른 것 같이 의의 한 행동으로 말미암아 모든 사람이 의롭다 하심을 받아 생명에 이르렀"(롬 5:18 영문)다고 가르치고 있습니다. "모든 사람에게 이르렀"다는 말은 매우 중요한 의미가 있습니다. 그리스도를 통하여, 이 세상에 태어난 모든 영혼을 의롭게 하기 위한 예비 책이 마련되었습니다. 그분의 돌아가심은 온 세상을 다 구원하기에 충분합니다. 십자가를 통하여, 지극히 합법적인 칭의(의롭다고 하심)가 영광스런 구속의 경륜으로써 "모든 사람에게 이르렀"습니다. 그러나 이 십자가의 칭의와 믿음으로 말미암는 칭의 사이에는 차이점이 있습니다. 십자가의 칭의는 그것이 개인적으로 인식되고 개인적인 믿음으로 받아들여져야만 각 개인에게 유효하게 됩니다. 다른 말로 표현하자면, 의롭다 하심을 받는 사람 편에 있어서 믿음이 있어야 한다는 말입니다. 그래야만 십자가에서 이루어진 칭의가 그 사람에게 효력을 발휘할 수 있습니다.

성경은, "그리스도 예수 안에 있는 구속으로 말미암아 하나님의 은혜로 값없이 의롭다 하심을 얻은 자 되었느니라. 이 예수를 하나님이 그의 피로 인하여 믿음으로 말미암는 화목 제물로 세우셨으니, 이는 하나님께서 길이 참으시는 중에 전에 지은 죄를 간과하심으로 자기의 의로우심을 나타내려 하심이니, 곧 이때에 자기의 의로우심을 나타내사 자기도 의로우시며 또한 예수 믿는 자를 의롭다 하려 하심이니라."(롬 3:24-26)고 말합니다. 비록 십자가가 모든 사람에게 칭의를 제공해 주었다고 할지라도, 오직 "예수 믿는" 자들만 의롭다 하심을 받는다는 것을 유의하십시오. 전기 회사가 충분한 전력과 빛을 저의 집에 제공해 주었지만, 제가 집안에 있는 스위치들을 누르지 않고서는 아무런 유익도 얻지 못하는 것과 같은 이치입니다. 제가 하나님의 구원 하시며, 정결케 하시고, 의롭다 하시는 모든 능력을 개인적으로 받아들이지 않는다면, 그것들이 저에게 아무런 유익도 주지 못할 것입니다.

방금 읽은 성경 절, 특히 "전에 지은 죄를 간과하심"이라는 말은 칭의에 대해서 설명하는 표현입니다. 이 "죄를 간과하심"이나 죄에 대한 용서는 실제로 무엇을 말하는 것입니까? 많은 사람은 칭의(즉, 죄를 용서하심, 의롭다 하심)의 경험이 자신들의 생활 밖에서 일어나는 어떤 것이라고 믿고 있습니다. 많은 사람은, 하나님께서는 처음부터 인간들의 영생과 멸망에 대한 운명을 이미 결정해 놓으셨다고 생각하기 때문에, 죄에 대한 용서와 칭의(의롭다고 여기심)를 말할 때에, 죄인의 마음에서 일어나야 하는 변화에 대해서 언급하지 않습니다. 그들은 십자가에서 이루어진 것에 대해서만 이야기할 뿐이며, 십자가를 바라보고 있는 "우리 안"에서 이루어져야 할 것에 대해서는 말하지 않습니다.

모든 사람은 변화될 필요가 있는 죄인입니다. 모든 사람은 율법 앞에서 어떠한 은혜나 용서도 받을 수 없는 범법자로서 정죄 받는 존재입니다. 율법 앞에 서 있는 사람에게는 어떠한 의로움도 찾을 수 없습니다. 또한, 옳은 행동을 할 수 있게 하는 어떤 능력도 받을 수 없습니다. 죄인은 율법의 저주 하에서 정죄 받은 상태로 힘없고 무기력하게 있어야만 합니다. 그러나 십자가를 통하여 이 모든 저주와 정죄를 피할 길이 열려 있습니다.

사도 바울은 많은 그리스도인이 믿고 있는 칭의와는 반대되는 개념의 칭의에 대해서 이야기하고 있습니다. 대다수 그리스도인은 칭의와 용서가 "우리 밖"에서 이루어진 것으로 말하고 있지만, 바울은 "우리 안"에서 이루어지는 것으로 기록하였습니다. 로마서 8장 1-4절에서, 그는 칭의가 한 개인을 위하여 무엇을 이루는지를 묘사하고 있습니다. "그러므로 이제 그리스도 예수 안에 있는 자에게는 결코 정죄함이 없나니…. 율법이 육신으로 말미암아 연약하여 할 수 없는 그것을 하나님은 하시나니 곧 죄를 인하여 자기 아들을 죄 있는 육신의 모양으로 보내어 육신에 죄를 정하사 육신을 좇지 않고 그 영을 좇아 행하는 우리에게 율법의 요구를 이루어지게 하려 하심이라." 우리는, 너무도 연약하여서 율법을 순종할 수 없는 우리의 육체에 대하여 잘 알고 있습니다. 하나님과 다시 화목하게 되기 위해서는 우리 속에서 무엇인가 이루어져야 합니다. 이 성경 절에서 "의"에 해당하는 헬라어는 "다카이마"(Dakaima)인데, 이 말은 "정당한 요구"를 뜻합니다. 우리가 율법의 요구를 이룰 수 있으려면 연약한 육체가 가지고 있는 문제들이 치료되어야 합니다.

하나님께서는 우리와 같은 육체를 취하신 예수님을 이 땅에 보내셔서 율법을 완전히 순종하도록 하심으로써, 충분한 해결책을 제공하셨습니다. 하나님께서 우리 각자에게 칭의를 입혀주실 수 있는 이유는, 오직 그리스도께서 완전한 순종의 생애를 사셨으며 십자가에서 우리를 위한 희생 제물이 되어 주셨기 때문입니다. 그리스도께서 이루신 순종과 희생과 죽음이 육체 가운데에 있는 나의 연약함을 해결해 주지 못한다면 그분의 계획은 실패한 것입니다. 그리스도께서 우리의 마음과 생활 속에 들어와 계실 때, 정죄함은 제거되고 죄가 용서되며, 우리는 우리 속에 계신 그리스도를 통하여 율법의 요구를 이루는 힘을 소유하게 됩니다. 이것이 바로 용서가 우리 생활 속에서 만드는 변화입니다.

용서는 우리를 향한 하나님의 태도를 변화시키는 것이 아닙니다. 용서는 우리의 마음을 변화시킵니다. 하나님께서는 죄를 없애버림으로써 죄를 용서하십니다. 그분은 경건치 못한 것을 없애심으로써 경건치 않은 자를 의롭다(칭의) 하십니다. 그분은 반역을 제거하심으로써 반역한 죄인을 의롭다(칭의) 하십니다. 그분께서 우리를 의롭다고 선언하실 때는, 그분의 말씀이 친히 우리를 의롭게 만드는 것입니다. 그분께서는 실제가 아닌 무엇을 선언하시는 것이 아닙니다. 사탄을 정복하신 그분께서, 이제는 인간의 마음에 들어오셔서 죄의 세력을 이길 수 있도록 승리를 주고 계십니다.

5. 성령의 능력으로 일함

하나님의 성령 충만한 자녀는, 능하신 정복자이신 창조주 하나님의 이름으로 진리를 전하는 일에 좀 더 확신에 차 있고 좀 더 공격적이며 담대하게 일하는 법을 배워야 할 것입니다. 우리는 육체의 힘으로 일하는 것이 아니라 성령의 능력으로 일하는 것입니다. 우리의 대장 되시는 그분(하나님)께서는 우리를 대적하는 자(사탄)보다 능력이 크신 분이십니다. 이러하신 하나님을 찬양하십시다.

이제 다음 질문을 생각해 봅시다. 왜 그리스도인이 그리스도를 섬기는 것이 어렵지 않은 일인가? 이 질문의 뜻을 잘 이해하셔야 합니다. 우리는 지금 "거듭난 그리스도인"들에 대해서 이야기하는 것입니다. 그리스도인 생애를 살기가 쉽다는 것이 아닙니다. 사실, 인간의 타고난 본성과 힘으로 그리스도를 위해 살고자 애쓰는 것처럼 세상에 힘든 일은 없을 것입니다. 그러나 하나님을 전적으로 의지하는 거듭난 그리스도인들에게는 순종의 길이 즐겁고 기쁘답니다. "하나님을 사랑하는 것은 이것이니 우리가 그의 계명들을 지키는 것이라 그의 계명들은 무거운 것이 아니로다"(요일 5:3). 요한은 사랑의 대원칙을 선언하였습니다.

하나님의 율법을 순종하는 것, 그것이 예수 그리스도와의 사랑의 관계에서 맺어지는 열매일 경우에는 힘든 것이 아니라는 의미입니다. 시편의 기자도 요한의 말에 동의하였습니다. "내가 주의 뜻 행하기를 즐기오니 주의 법이 나의 심중에 있나이다"(시 40:8). 진실한 그리스도인에게 있어서, 하나님을 섬기는 것은 무거운 짐이 되지 않는 가장 큰 이유 두 가지를 말하겠습니다. 첫 번째, 그는 하나님께서 자기를 사랑하시며, 자신을 최선의 길로 인도하실 것이라는 절대적인 확신이 있습니다. 둘째, 그는 그리스도를 최고로 사랑하며 그분을 결코 슬프게 하지 않기 위하여 온 힘을 다합니다.

6. 원칙과 규칙의 요구가 기쁨이 될 수 있음

성경에 기록된 요구들과 범죄자에게 가해질 형벌들에 대하여 의문을 제기하는 사람이 있을 것입니다. 물론 그런 것들이 성경에 있습니다. 그러한 제재들과 위협적인 형벌들이 우리의 순종을 더욱 힘든 것으로 만들고 있습니까? 이 질문에 답하기 위해서 작성한 두 가지의 가상 인터뷰를 소개하고자 합니다. 제가 방금 종합 진단을 마쳤다고 가정합시다. 의사가 제게 결과 보고를 하면서 이렇게 말합니다. "건강진단 결과 당신은 제가 시키는 대로 정확히 따르지 않으면 죽게 될 것입니다. 당신의 생명을 구하기 위해서는, 제가 지금 당신에게 말하는 것을 그대로 따라야 하며, 당신의 여생 동안 매일같이 저의 지시를 그대로 이행해야 합니다. 당신이 살아 있는 한 매일같이 이것을 실행해야 합니다. 그렇지 않으면 당신은 죽게 될 것입니다."

잠시 이것에 대해 생각해 봅시다. 의사가 말한 것은 죽음의 형벌이 따라오는 엄한 규칙들임이 틀림없습니다. 저는 그 의사의 처방을 이행하지 않음으로써 저의 생명을 잃을 수도 있습니다. 그러나 제가 그 명령들을 따르는 것이 무척 어려운 일입니까? 물론 아닙니다. 왜 그렇습니까? 만일 의사가 식사를 제 때에 잘 하라고 명령하였다면, 위장에서 배고프다는 신호를 보낼 때마다 건강에 유익한 식사를 하면 됩니다. 저의 신체의 법칙들은 제가 규칙적으로 식사하라고 요구하는데, 그것은 건강을 유지하기 위하여 몸에서 자동으로 보내는 유익한 요구입니다. 먹는 것은 저 자신의 유익을 위한 것이며, 그러므로 저는 의사의 엄한 지시를 따르도록 저 자신에게 억지로 강요할 필요가 없습니다. 저는 의사가 저를 위한 최선의 처방을 내렸다고 믿기 때문에 아무런 불평 없이 의사의 지시를 따를 수 있습니다.

마찬가지로 모든 그리스도인 생활 가운데는 예수님과의 개인적인 관계의 자연적인 산물인 사랑의 법칙이 작용하여야 합니다. 성경의 계명들이나 형벌들은 전혀 위협이 될 수 없는데, 왜냐하면 계명과 원칙을 주신 분은 바로 우리가 가장 사랑하고 신뢰하는 예수 그리스도이기 때문입니다. 그리스도인들은 자신의 최선의 유익을 위하여 계명과 원칙을 준수하는데, 왜냐하면 그것이 그들의 행복을 더 높은 차원으로 승화시킬 것을 인식하기 때문입니다. 그들은 형벌에 대한 두려움에서 순종하는 것이 아니라, 그들이 사랑하는 분께 순종하는 것이 최고의 기쁨이기 때문에 그렇게 하는 것입니다. 사랑은 의무를 즐거운 특권으로 바꿔게 해줍니다.

7. 좁은 길이 힘들고 불행한 길인가?

저는 사람들이 이렇게 말하는 것을 종종 들었습니다. "그러나 기독교는 여러 가지 제재가 많아요." 그 말은 사실입니다. 그러나 결혼은 종교보다 훨씬 더 많은 제약을 하고 있습니다. 그렇다고 해서 그런 제약들이 결혼생활을 불행하게 만듭니까? 서로 뜨겁게 사랑하는 신랑 신부가 서로가 주고받은 약속들에 대해서 불평하는 것을 보았습니까? 저는 갓 결혼한 부부들이 그들의 서약에 대해서 불평하는 것을 한 번도 들은 적이 없습니다. 그들은 상대방을 위해 자신의 생명을 바치겠다고 약속하면서도 마냥 기쁨이 충만하였습니다.

침례 의식은 우리의 신랑 되신 예수님과 결혼하는 예식입니다. 누군가가 새로 침례받는 한 그리스도인을 실망하게 하려고 애쓰는 다음과 같은 모습을 생각해 보십시오. "얘, 너는 이제 큰일 났다. 생각 좀 해봐라. 넌 이제 술집도, 댄스장도 가지 못한다. 넌 주일에 골프 게임도 하지 못하게 되었단다. 이제 너는 여러 명의 남자 친구들과 사귈 수 없게 되었어." 새로 거듭난 그 그리스도인은 밝은 미소로 말할 것입니다. "좋아요. 그래도 좋아요. 오히려 그것이 저에게 큰 기쁨인걸요." 신부의 응답에 대한 설명이 고린도후서 5장 14절에 나옵니다. "그리스도의 사랑이 우리를 강권하시는도다." 사랑은 사람들을 움직여서, 자신을 위해 돌아가신 분을 기쁘시게 할 일들을 행하게 합니다. 그런 봉사와 순종의 길을 가는 자들에게는 어떤 것도 무거운 짐이나 멍에가 될 수 없습니다. "그의 계명들을 행하는 자들은 복이 있나니(KJV), 이는 저희가 생명나무에 나아가며 문들을 통하여 성에 들어갈 권세를 얻으려 함이로다"(계 22:14).

8. 사랑이 없는 결혼과 사랑이 없는 종교는 비참함

참된 회심을 경험하지 못한 사람들에게는 제 말이 이상하게 들리고 모순처럼 느껴질 수 있습니다. 서로 사랑하지 않는 사람들은 행복한 결혼 생활을 하는 사람들의 무아적 봉사를 이해하기 어렵습니다. 그러나 어떤 부부들은, 서로에 대한 사랑이 망가짐에 따라서, 결혼을 괴로운 속박으로 느끼게 됩니다. 그들의 잘못은 결혼에 있는 것이 아니라 태도에 있습니다. 그리스도인들이 그리스도로부터 떠나서 그분과의 관계가 끊어질 때, 그들은 종교적 의무들에 대하여 불평하기 시작합니다. 잘못은 종교에 있는 것이 아니며, 그들의 마음에 사랑이 없어 생기는 것입니다.

주님을 사랑하는 그리스도인들은 기꺼운 마음으로 자신을 부인하면서 세상을 살게 될 것입니다. 그리스도께서 말씀하시기를 "아무든지 나를 따라오려거든 자기를 부인하고 날마다 제 십자가를 지고 나를 좇을 것이니라."(눅 9:23)고 하셨습니다. 그분의 말씀은 순종의 길이 힘들고 불행하다는 뜻인가요? 천만에요. 그분께서는 단지 그리스도인의 생애 중에 마음을 혼란하게 만드는 여러 가지 유혹들이 존재하는 현실을 묘사하고 있을 뿐입니다. 세상에는 언제나 우리를 미혹하여 그리스도께로부터 멀어지게 하는 육체적, 세상적 유혹들이 있습니다. 더 높은 차원에서 이루어지는 사랑의 강력한 영향력이 없다면, 그것들의 감정적 유혹이 우리를 압도할 것입니다.

위에 언급한 성경 말씀에는 사랑의 권위가 잘 나타나 있다고 말할 수 있겠습니다. 그리스도의 강한 사랑이 나를 그분께 붙들어 매며, 육체적, 세상적으로 접근해오는 사탄의 끊임없는 유혹에 대해서 "No!"라고 말하게 합니다. 사탄이 던지는 유치하고 어리석은 도전들이 나와 그리스도와의 관계를 방해할 것입니다. 그러나 나는 다음과 같은 두 가지 이유로, 항상 그분께 머물러 있기로 선택할 것입니다. 첫째, 나는 세상의 누구보다도 그분을 더 사랑합니다. 둘째, 그분께서는 나를 위한 최고의 방법이 무엇인지를 나를 포함해 누구보다도 잘 알고 계시다는 사실을 신뢰합니다.

사탄은 성도들이 가지고 있는 감정을 그의 가장 강력한 무기로 사용할 것입니다. 그러나 참된 그리스도인은, 자신의 육체나 감정은 신뢰할 수 없음을 잘 압니다. 우리는 의와 진리의 말씀에 기초하여 하나님을 섬겨야 하지, 마음이나 생각 속에 떠오르는 느낌이나 감정을 근거로 해서 그분을 섬길 수는 없습니다. 오늘날 마귀를 섬기는 사람 대부분은 감정에 속임 당해 눈이 멀어서 그렇게 된 것입니다. 사람들이 일시적인 만족을 얻기 위하여 죄된 쾌락을 따르는 모습을 보면 그들이 참으로 눈멀고 귀먹었다는 사실을 알 수 있습니다. 그들은 판단하지 못하는 로봇처럼 자신의 육체적 욕구가 지시하는 대로 움직입니다.

그리스도인에게 있어서 가장 핵심적인 문제는, 수많은 그리스도인이 자신들의 생활 속에서 준수되어야 할 신령한 사랑의 법을 따를 만한 힘이 없습니다. 육체적 욕망에 대항하여 저항할 수 있는 아무런 힘이 없어서, 육체가 지시하는 대로 생각과 몸을 내어 맡기게 됩니다. 또한, 자아 역시 외부적인 자극들이 던지는 감정적 호소에 굴복하게 되어서 육체의 종이 될 수밖에 없습니다. 타락한 의지력은 힘을 잃고 휘청거리면서, 감정과 감각이 요구하는 대로 끌려다니게 됩니다. 그들에게 있어서는 옳은 일보다는 그릇되고 악한 일을 하는 것이 더 쉽게 생각됩니다. 그러나 그리스도 안에 있는 진실한 사람들에게 있어서는 옳고 의로운 일에 대한 확신이 너무도 강력하여서, 아무도 그들에게 죄악적인 일을 강요할 수 없습니다. 그들의 마음속에는 하나님의 영광스런 진리의 말씀이 깊이 새겨져 있습니다.

여기에 예수 그리스도의 완전한 복음의 기쁜 소식이 있는데, 저는 모든 독자에게 그 소식을 전해주고자 합니다. 예수님께서는 우리에게 의로움을 주시고, 거룩하여질 수 있는 다이너마이트와 같은 능력을 주시기 위해서 오셨습니다. 우리는 죄책감과 죄의 세력으로부터 넉넉히 해방될 수 있습니다.

9. 승리를 얻는 방법

혹시 나쁜 습관이나 죄를 점진적으로 극복하는 방법에 대하여 들어 보셨습니까? 때때로 그것은 "점차적으로 줄이는 방법" 혹은 "노력하면 된다." 등으로 불립니다. 그러나 일반적으로 그런 방법은 별로 효력이 없습니다. 물론, 사람이 나이가 들어서 유혹과 죄에 대한 관심이 줄어드는 것을 보면, 그 방법이 부분적으로 효과가 있는 것도 사실입니다. 그러나 궁극적으로 우리는 우리의 노력을 통하여 마귀를 이길 수 없습니다. 왜냐하면, 마귀가 우리보다 훨씬 강하기 때문입니다. 우리가 마귀를 이기기 위해서 열심히 노력하다가, 1년쯤 후에 나와 마귀를 비교해보면, 그는 여전히 우리보다 강합니다. 우리의 노력으로는 단 한 번이라도 제대로 죄의 세력을 깨뜨릴 수 없는데, 그 이유는 우리가 항상 우리보다 더 강한 적과 싸우고 있기 때문입니다. 그러면 어떻게 우리 자신의 연약함과 패배를 극복할 수 있겠습니까? 이 질문은 우리를 하나님 말씀의 아름답고 고귀한 비밀로 안내합니다.

이제 승리의 본질에 대해서 생각해 보면서, 하나님의 능력을 요구하기 위한 성경의 4대 계단을 알아보십시다. 우리가 찾아보고자 하는 4개의 성경 구절은, 하나님께서 우리에게 승리를 주시는 놀라운 역사에 대하여 잘 말해줍니다. 첫째로, "우리 주 예수 그리스도로 말미암아 우리에게 이김을 주시는 하나님께 감사하노니"(고전 15:57). 여러분의 마음에 이 기이한 메시지를 깊이 새기십시오. 승리는 선물입니다. 우리는 그것을 우리의 어떤 노력으로도 얻을 수 없으며, 어떤 선행을 많이 행한다고 해서 그것을 받을 수 있는 자격이 생기는 것도 아닙니다. 우리에게 필요한 단 한 가지는 그것을 간절한 마음으로 구하는 일이며, 그 승리는 그리스도를 통하여 값없이 주어질 것입니다. 그분께서는 사탄을 이기고 승리를 얻으신 유일한 분이시며, 우리가 얻는 모든 승리는 그분에게서 오는 선물입니다.

어떤 사람들은 식욕의 노예이며 어떤 사람들은 알코올이나 담배의 노예입니다. 또 어떤 사람들은 불순한 행위들이나 급한 성격 또는 세속적인 욕망을 억제하기 위해서 끊임없이 허우적거립니다. 성경은 예수 그리스도를 통해서만 선물로 주어지는 승리를 얻을 수 있다고 말합니다. 여러분은 하나님께 그 능력을 구한다면 그것을 받을 수 있다고 믿습니까? 승리를 요구하는 여러분의 기도에 대하여, 하나님께서는 즉시로 응답해 주실 것을 전적으로 믿으십니까? 여러분은 그것을 그리스도께서 보증하는 약속으로 확실히 믿을 수 있습니다! 두 번째 성경 절은 마태복음 7장 11절입니다. "너희가 악한 자라도 좋은 것으로 자식에게 줄 줄 알거든 하물며 하늘에 계신 너희 아버지께서 구하는 자에게 좋은 것으로 주시지 않겠느냐." 죄에 대한 승리는 그것을 믿음으로 구하는 모든 자에게 약속되어 있습니다.

다음 질문에 대해서 생각해 봅시다. 우리는 우리가 구한 후에, 승리를 쟁취할 것을 어떻게 알 수 있을까요? 간단합니다. 그분께서 말씀하셨으므로 우리는 승리를 얻을 것입니다. 우리는 하나님께서 거짓말하실 분이 아님을 압니다. 우리는 그분의 약속을 믿을 수 있습니다. 우리가 구하는 순간, 우리는 약속의 성취를 사실로 받아들이고 그 선물에 감사하며, 마치 그것이 우리에게 이루어진 것처럼 행동해야 합니다. 어떤 종류의 성취 느낌이나 표시를 요구하거나 기대하지 말아야 합니다. 약속 안에 있는 능력이 우리의 소원과 기도에 대한 응답으로 우리에게 전달됩니다.

세 번째 성경절로 로마서 6장 11절을 보십시다. "이와 같이 너희도 너희 자신을 죄에 대하여는 죽은 자요 그리스도 예수 안에서 하나님을 대하여는 산 자로 여길 지어다." 여기서 "여기다(Consider)."라는 말은 "믿는 것 또는 이루어진 것으로 생각하는 것"을 뜻합니다. 또한, 자기 자신을 죄에 대하여 "죽은 자"로 간주하라는 의미입니다. 모든 믿음의 연습은 승리를 요구하는 것이 주가 되어야 하며, 그런 후에는 그 요구가 이루어진 것으로 간주해야 합니다. 승리할 것을 믿어야 하며, 동시에 자기 자신을 죽은 것으로 간주해야 합니다. 죽은 자는 성내지 않습니다. 죽은 자는 이기적인 탐심을 갖지 않습니다.

만일 여러분이 죄에 대해서 승리를 얻고자 한다면, 여러분 자신을 죄에 대하여 죽은 자로 여겨야 합니다! 여러분에게 있어서 불가능한 것은 무엇입니까? 여러분은 흡연 습관이나 늘 붙어 따라다니는 죄를 극복하기를 진정으로 소원하십니까? 지금 그리스도께서 말씀하십니다. "내가 너에게 승리를 주리라." 여러분이 구원받았음을 믿는 한, 여러분은 승리를 얻을 것입니다. 이제부터 여러분은 죄에 대하여 죽은 자처럼 생각하고 행동하십시오. 승리를 위한 능력을 간구하는 기도를 하십시오. 여러분이 승리를 구하는 순간, 승리는 능력의 보급소로부터 여러분의 생활 안으로 즉시 놓이게 될 것입니다. 그것을 느낄 수는 없을지라도, 그것은 틀림없이 여러분의 생활 속에 있습니다. 여러분이 믿음으로 그것을 받아들이는 한 항상 거기에 있을 것입니다.

어떠 사람들에게 있어서는, 승리가 너무도 극적으로 이루어지기 때문에, 그들은 죄를 혐오하게 되며, 죄를 증오함으로써 죄가 가져오는 맛을 잃어버립니다. 때로는 흡연 중독자가 흡연에 대한 욕구로부터 완전히 해방되기도 합니다. 그러나 그것은 하나님의 일반적인 방법이 아닙니다. 어떤 경우에는 그 욕구와 욕망이 남아 있습니다. 그러나 유혹의 순간마다 그것을 극복할 수 있는 능력이 하늘로부터 우리의 마음속으로 전달되어서 솟구쳐 나오게 됩니다. 우리의 육체와 감각이 우리에게 죄를 행하라고 격렬하게 요구할지라도, 우리의 양심 속에서 말씀하시는 성령의 조용한 호소에 귀를 기울임으로써, 우리는 우리 자신을 죽은 것으로 간주하고 성령의 음성에 굴복하게 됩니다. 이러한 경험을 통하여, 우리의 믿음은 하늘을 찌를 듯이 향상됩니다.

승리를 위한 마지막 단계는 로마서 13장 14절에 묘사되어 있습니다.

"오직 주 예수 그리스도로 옷 입고 정욕을 위하여 육신의 일을 도모하지 말라."

자신에게 이르러온 하나님의 능력에 대한 확신이 너무도 강해서, 이제는 죄의 세력에 빠지는 일은 두 번 다시 생각하지 않게 됩니다. 예전의 "노력"을 통한 방법으로서는 대부분은 실패할 수밖에 없었습니다.

실패에 대한 한 예화를 살펴보기로 하겠습니다. 어린 철수는 어머니의 명령을 어기고 수영하러 갔었기 때문에 꾸중을 듣게 되었습니다. 왜 어머니의 말씀을 순종하지 않았느냐는 질문에 대해서 그는, "전 유혹을 받았기 때문이에요."라고 대답했습니다. 어머니가 물었습니다. "나는 네가 아침에 수영복을 가지고 가는 것을 보았다. 왜 아침에 수영복을 가지고 갔지?" 철수는, "유혹 받을 것을 예상했기 때문이에요."라고 대답했습니다. 승리를 쟁취하는 일에, 어떤 사람들은 투쟁이 시작되기 전부터 타협을 시작합니다. 그들은 실패할 경우를 위해서 미리 대책을 세웁니다.

지금 말씀 드리는 이런 방법이 실망을 줄 수도 있다는 반론을 제기하는 사람들도 있습니다. 만일 실패한다면? 승리가 계속되지 않는다고 해서, 하나님의 약속에 대한 신뢰심이 흔들려야 합니까? 천만에요. 우리는 단지 자신의 연약함을 더욱 더 절감해야 하며, 더욱 더 많이 그리스도를 의지해야 할 필요성을 깨달아야 합니다. 우리는 더욱 더 큰 믿음을 가지고 주님의 명령을 수행하여야 한다는 현실을 깨달아야 합니다. 우리는 언제나 하나님의 능력을 온전히 의존해야 한다는 진리를 기억해야 합니다. 우리의 실패가, 성경에 기록되어 있는 "그 보배롭고 지극히 큰 약속"을 통하여 승리와 능력을 나누어 주고자 하는 하나님의 아름다운 계획을 변경시키지는 못합니다. 받는 자의 편에 믿음이 없다면, 하나님의 약속일지라도 이루어질 수 없습니다. 분명한 한계선이 예수님의 말씀에 명시되어 있습니다. "너희 믿음대로 되라."(마 9:29)

형제자매들이시여! 승리는 단순함에 있습니다. 그리고 그것은 실제로 작용합니다. 여러분이 기꺼이 구원받고자 한다면, 그것은 이루어질 것입니다. 죄를 기꺼이 버리고자 하지 않는 자는 어떤 도움도 받지 못할 것입니다. 그러나 여러분이 그것을 원한다면, 그것은 이미 준비되어 있습니다.

제2부 한 번 구원받으면 영원히 구원받는 것인가?

1. 서론

선택을 할 수 있는 능력은 하나님께로부터 오는 놀라운 선물입니다. 그러나 사람이 선택할 수 없는 것이 하나 있는데, 그것은 아무도 타락하고 이기적인 본성을 가지고 태어나기 싫다고 해서 태어나지 않을 수 없다는 것입니다. 사람이면 누구나 싫든 좋든 간에 이기적인 죄인의 본성을 가지고 태어날 수밖에 없습니다. 우리의 삶에 가장 큰 영향을 미치는 출생에 관한 결정은, 이미 오래 전에 우리의 선조에 의해서 이루어졌습니다. 우리가 태어나면서부터 갖게 되는 죄의 본성에 대해서는 아무런 선택의 여지가 없습니다. 우리는 모두 죽을 수밖에 없는 죄의 본성을 가지고 태어납니다. 만약 그리스도의 능력을 통하여 죄의 본성이 변화되지 않는다면, 우리는 영원한 죽음에 이르게 될 것입니다.

그러나 비록 우리가 영생을 잃어버릴 수 밖에 없는 죄인으로 태어나긴 하지만, 하나님께서는 우리에게 이 본성을 바꿀 수 있는 선택권을 주셨습니다. 이것은 그 누구도 빼앗아 갈 수 없는, 우리 자신들의 당당한 권리입니다. 이 선택이야말로, 우리가 살아 있는 동안에 하게 되는 가장 중요한 결정입니다. 이 선택은, 죄의 본성을 따라서 살다가 영원히 죽을 것인가, 아니면 그리스도를 믿는 믿음을 통하여 새로운 품성을 받아서 영원히 살 것인가에 대한 것입니다.

우리 모두에게 제공된 이 선택에 대해서 사람들은 서로 매우 다른 견해들을 가지고 있습니다. 수많은 사람은 하나님께서 다음과 같은 말씀을 그들에게 하셨다고 생각하는 듯합니다. "너희의 불행한 운명을 바꿀 수 있는 한 가지 결정권을 줄게! 일단 네가 구원받기로 선택하기만 하면, 너는 결코 다시 멸망할 수 없단다. 너는 그 결정을 바꿀 수 없어. 네가 그리스도를 너희 구주로 받아들이게 될 때, 그것은 너의 영원한 운명에 대하여 네가 할 수 있는 마지막 선택이다. 나중에 네가 생각을 바꾸어서 너의 결정을 포기한다고 할지라도, 그것은 이미 너무 늦었단다. 아무리 네가 멸망하기를 원하고, 네가 과거에 하였던 회개를 후회한다고 할지라도, 너는 결코 영생을 피할 수는 없단다. 네가 아무리 큰 반역을 일으키고 고의로 신성을 모독하고 악한 생애를 산다고 할지라도 구원받기로 한 너의 결정은 바뀔 수 없지. 나는 네가 예수님을 너의 구주로 받아들인 후에는 더 이상의 어떤 선택을 하도록 허락할 수 없단다."

기본적으로, 이것이 구원에 대한 영원한 보장의 교리를 주장하는 대부분 그리스도인의 생각입니다. 한편, 또 다른 그룹의 신실한 그리스도인들은 하나님께서는 언제든지 우리가 마음을 스스로 바꿀 수 있도록 문을 열어 놓고 계신다고 믿습니다. 그들은 구원이 과거에 이루어진 단 한 번의 번복할 수 없는 선택에 기초한 것이 아니라고 여깁니다. 그들은 그리스도와의 지속적인 개인적 관계에 기초한 것으로 믿으며, 고의적인 불순종에 의해서 하나님과의 사랑의 관계가 깨어질 때, 그들은 더이상은 참 신자가 아니며 구원에 대해 어떤 보장도 받을 수 없다고 믿습니다.

2. 위태로운 수백만의 영혼들

오늘날 수많은 그리스도인은 "Once Saved, Always Saved"(예수님을 믿음으로서 일단 한번 구원받으면, 품성과 믿음의 영적인 성장에 상관없이, 그리고 하나님의 말씀에 대한 불순종에 상관없이 무조건 구원받게 된다는 의미로 사용되는 표현)라는 구원론을 받아들이고 있습니다. 구원의 문제가 이처럼 매혹적으로 제시되기 때문에, 많은 사람이 그것에 압도되어 따라가고 있습니다. 만약 신자들의 미래의 구원이 무조건 보장된다면 그것은 가장 놀라운 교리가 될 것입니다. 그러나 만일 그것이 진실이 아니라면, 그것은 세상에서 가장 위험한 오류가 될 것입니다. 이 점에 대하여, 어떤 결정을 내리느냐에 따라서 수백만의 영혼이 구원받을 수도 있으며, 잃어버린 바 될 수도 있을 것입니다.

오늘날, 너무도 많은 영혼의 영원한 운명이 바로 그 교리의 진위에 달렸습니다. 우리는 다음과 같은 질문들에 대해서 스스로 답해 볼 필요가 있습니다. "우리는 구원과 신앙에 대한 우리 자신의 생각을 바꿀 수 있습니까? 우리가 회개하고 그리스도를 믿기로 할 때, 우리는 더 이상의 선택권을 포기하는 것입니까? 구원은 한순간의 결정으로 완성되는 것입니까? 아니면 그러한 결정 후에도, 그리스도의 구원의 은혜 안에서 계속 성장해야 합니까? 하나님께서는 더러운 죄들이 당신의 왕국 안으로 들어가도록 허락하실까요?" 다행스럽게도, 이러한 질문들에 대해서 답해주는 분명한 구절들이 성경에는 많이 있습니다. 우리 함께 그 성경 절들을 살펴보고, 아울러 "일단 구원받으면 그것이 끝"이라는 교리를 뒷받침해 주는 것으로 생각되어지는 몇몇 성경 구절들도 찾아보십시다.

3. 계속되는 생명이 계속적인 삶의 비결임

계속해서 살아 있으려면 계속적인 생명이 있어야 한다는 사실을 유의하십시오. 사람이 그리스도 안에서 살지 아니하면, 그는 시들어 죽고 결국에는 불에 살라집니다. 이 사실은 신자와 그리스도와의 관계가 단지 과거의 경험에 기초한 정지된 상태의 것이 아님을 말해 줍니다. 그리스도와의 관계란, "우리 생명이신 그리스도"(골 3:4)께로부터 나오는 생명을 신자가 계속하여 나누어 받는 것을 말합니다. 가지가 포도나무로부터 분리될 때, 생명의 근원은 없어지고 그 결과는 죽음뿐입니다. 그리스도께서 하신 이 말씀은 너무도 분명해서 누구나가 쉽게 이해할 수 있습니다. 산 포도나무와 연결된 신실하고 믿음 있는 그리스도인이라도 원하기만 하면 포도나무로부터 분리될 수 있습니다. 그 순간부터, 그들은 죽게 되며 불에 던지어져서 살라지는 운명에 처하게 됩니다. 예전에는 살아 있었던 것이, 지금은 시들어서 죽을 수 있는 것입니다. 영생에 대한 보장은 오직 그들의 믿음이 그리스도께 고정되고, 그들의 마음이 "우리 생명이신" 그분과 연결된 사람들에게만 영원한 것입니다. 우리는 과거에 어떻게 구원받았었든지 간에 다시 잃어버린바 될 수 있습니다. 예수님께서는 씨 뿌리는 자의 비유에서 영원한 생명을 잃어버리게 되는 상황에 대해서 말씀하고 계십니다. 가시덤불과 돌짝 밭에 떨어진 씨앗에 대해서 설명하시면서, "길가에 있다는 것은 말씀을 들은 자니 이에 마귀가 와서 그들로 믿어 구원을 얻지 못하게 하려고 말씀을 그 마음에서 빼앗는 것이요. 바위 위에 있다는 것은 … 잠깐 믿다가 시험을 받을 때에 배반하는 자"(눅 8:12,13)라고 말씀하셨습니다.

이 비유에서 우리가 유의해야 할 몇 가지가 있습니다. 첫째로, 오직 한 부류의 사람들만이 최종적으로 구원을 받게 될 것이라는 점입니다. 많은 열매를 맺는 사람들만이 구원을 받게 될 것입니다. 길가와 바위 위와 가시 떨기나무에 떨어진 씨로 비유된 사람들은 구원받지 못할 것입니다. 얼마 동안만 신실하였던 사람들은 얼마 동안만 구원받은 상태로 있다가 유혹의 때에 떨어져 나갔습니다. 물론 그들은 결국 잃어버린바 되었습니다. 이것은, 사람들이 얼마 동안 구원하는 믿음을 소유하고 있다가 후에 믿음을 잃으면, 멸망 받게 된다는 주님의 분명한 가르침입니다.

4. 구원은 잃어버릴 수 있다!

그리스도의 비유를 또 하나 읽어보면, 신자들에 대한 계속적인 용서는 조건적이라는 사실을 확인할 수 있습니다. 그 이야기는 마태복음 18장 23-35절에 나오는 하나님의 용서하심에 대한 이야기입니다. 어떤 왕이 자기 종의 간청에 응하여 엄청난 빚을 탕감해 주었습니다. 하루는 그 종이 자기에게 약간의 빚을 진 동료 종을 만나게 되었는데, 그가 자신에게 빚을 갚을 수 없다고 해서, 무자비하게 그를 감옥에 집어넣었습니다. 이 사실을 왕이 듣고 나서 분노하여, 그가 전에 그 종에게 탕감해 주었던 많은 빚을 취소하고, 그 종이 빚을 다 갚을 때까지 옥에 가두어 놓았다는 이야기입니다.

아무도 이 비유의 분명한 가르침을 부인할 수 없습니다. 하나님께서는 용서를 구하는 모든 사람을 용서해 주시지만, 그 용서가 조건 없이 주어지는 것은 아닙니다. 우리가 다른 사람들을 무자비하게 대함으로써, 이미 받은 용서를 잃어버릴 수 있습니다. 이것은 에스겔 33장 13절의 말씀과 일치하는 말씀입니다. "가령 내가 의인에게 말하기를 너는 살리라 하였다 하자 그가 그 의를 스스로 믿고 죄악을 행하면 그 모든 의로운 행위가 하나도 기억되지 아니하리니 그가 지은 죄악 중 곧 그중에서 죽으리라." 이 원칙은 18절에서 다시 되풀이되고 있습니다. "만일 의인이 돌이켜 그 의에서 떠나 죄악을 지으면, 그가 그 가운데서 죽을 것이라."

영원한 구원의 비결은 구원의 근원 되시는 그리스도와 올바른 관계를 계속해서 유지하는 데 있습니다. 예수께서 말씀하시기를, "끝까지 견디는 자는 구원을 얻으리라."(마 24:13)고 하셨습니다. 시험과 유혹을 받을 때, 하나님의 능력을 의지하여서 그것을 물리치지 않는 사람들은 결국 구원받지 못할 것입니다. 끝까지 견디지 못하는 자들은 그들의 이름이 생명책에서 제거될 것입니다. 영생에 대한 조건 없는 영원한 보장을 주장하는 자들은 다음에 나오는 성경 말씀이 말하고 있는 진리를 부인하지만, 요한계시록 3장 5절은 진실한 그리스도인들이 죄에 대해서 승리할 수 있다는 사실을 증명하고 있습니다. "이기는 자는…. 내가 그 이름을 생명책에서 반드시 흐리지 아니하"리라. 이 말씀에 함축된 의미는 명확합니다. 이기지 못하는 자 - 끝까지 견디지 못하는 자 - 는 그들의 이름이 지워진다는 말씀입니다.

이 모든 구절은 똑같은 진리를 말하고 있습니다. 고의적으로 범하는 죄는 영생을 얻을 수 있는 관계를 단절시킵니다. 영생에 대한 보장에는 항상 조건이 따른다는 사실을 잊지 마십시오. "저가 빛 가운데 계신 것 같이 우리도 빛 가운데 행하면…. 그 아들 예수의 피가 우리를 모든 죄에서 깨끗하게 하실 것이요"(요일 1:7). "너희는 처음부터 들은 것을 너희 안에 거하게 하라. 처음부터 들은 것이 너희 안에 거하면 너희가 아들의 안과 아버지의 안에 거하리라"(요일 2:24). "또한 뒤로 물러가면 내 마음이 저를 기뻐하지 아니하리라"(히 10:38). "사람이 내 안에 거하지 아니하면 가지처럼 밖에 버리어 말라지나니"(요 15:6). "사람이 내 말을 지키면 죽음을 영원히 보지 아니하리라"(요 8:51). "너희가 만일 하나님의 인자에 거하면 그 인자가 너희에게 있으리라. 그렇지 않으면 너도 찍히는바 되리라"(롬 11:22). "너희가 이것을 행한즉 언제든지 실족지 아니하리라"(벧후 1:10). "너희가 육신대로 살면 반드시 죽을 것이로되"(롬 8:13).

5. 버림받을 위험

사도 바울은 육체적 죄의 성향을 재갈 먹이지 않는다면, 결국 하나님 앞에 서지 못하게 될 것이라는 사실을 확실하게 깨닫고 있었습니다. "내가 내 몸을 쳐 복종하게 함은 내가 남에게 전파한 후에 자기가 도리어 버림이 될까 두려워함이로라"(고전 9:27). 바울이 여기서 사용한 "버림"이라는 말은 꽤 흥미로운 말입니다. 그것은 헬라어로 "아도키모스"로서 다른 곳에서도 버리운다는 뜻으로 사용되었습니다. 고린도후서 13장 5절은 예수 그리스도께서 버리운(아도키모스) 자의 마음에 거할 수 없음을 말합니다. 디도서 1장 16절은 "모든 선한 일을 버리는 (아도키모스)" 자들의 가증함과 순종치 아니함에 대하여 말합니다. 바울은 자신의 생애가 다시 죄에 사로잡히도록 허용한다면 멸망할 수밖에 없음을 생각한 것입니다.

바울은 또한 중생(거듭남)을 경험한 신자들이 파멸을 당할 가능성에 대하여도 말하고 있는데, 이는 그들이 주의 만찬을 합당하게 먹지 않기 때문이라는 것입니다. "주의 몸을 분변치 못하고 먹고 마시는 자는 자기의 죄를 먹고 마시는 것이니라"(고전 11:29). 이 사람들은 기성 그리스도인들이며, 구원을 함께 나누어 가졌던 교인들임을 부인할 사람은 아무도 없을 것입니다. 그런 사람들이 심판을 받아 멸망할 수 있습니까? 바울은 그렇다고 말합니다. 어떤 사람들이 심판을 받습니까? 디모데전서 5장 12절에 그 대답이 나옵니다. "처음 믿음을 저버렸으므로 심판을 받느니라." 신자가 "처음 믿음을 저버리고" 마지막 때에 심판을 당하게 될 수 있음이 얼마나 분명합니까?

나는 영생에 대한 영원한 보장을 주장하는 사람들이, 부모와 자녀의 관계를 비유로 들면서 자신들의 주장을 설명하는 것을 많이 들어왔습니다. "내 자녀는 내 가족으로 태어났으므로, 그들은 항상 나의 자녀이다. 그들은 이미 태어난 존재이다. 나의 자녀와 나의 관계 즉 부모와 자식 간의 관계는 분리될 수 없다. 자녀가 순종하든지 불순종하든지를 불문하고, 그는 항상 나의 자녀이다." 이 논리는 중대한 것 하나를 빠뜨리고 있습니다. 문제는 자녀가 다시 태 속으로 들어갈 수는 없지만, 자녀가 병들어서 죽을 수 있다는 점입니다. 의사들은 어머니들에게 여러 가지 주의 사항을 이야기해줍니다. 아이가 죽지 않고 건강하게 잘 살아 있도록 하기 위해서는 해주어야 할 권고와 경고들이 많이 있습니다. 만약 아기가 잘 먹지 않는다면 그 아기는 죽을 것입니다. 마찬가지로 예수님께서도, "인자의 살을 먹지 아니하고 인자의 피를 마시지 아니하면 너희 속에 생명이 없느니라."(요 6:53)고 하셨습니다.

자 이제, 최종적인 구원을 위해서는 계속적인 순종이 필요하다는 사실을 분명히 이해하셨습니까? 바울은, "너희 자신을 종으로 드려 누구에게 순종하든지 그 순종함을 받는 자의 종이 되는 줄을 너희가 알지 못하느냐?"(롬 6:16)라고 말했습니다. 사람이 더는 그리스도를 순종하지 않기로 선택한 후 사탄에게 순종할 때, 그는 다시는 그리스도께 속하지 않고 사탄에게 속하게 됩니다. "의를 행하는 자는…. 의롭고, 죄를 짓는 자는 마귀에게 속하나니"(요일 3:7,8) 히브리서 저자는 믿음에서 떠나는 일에 대하여 특별한 경고를 거듭해서 하고 있습니다. 히브리서 10장 23절은, 일단 한번 구원받으면 그 구원이 계속되며, 아무도 그 구원을 번복할 수 없다고 주장하는 사람들의 입장을 곤란하게 만듭니다. "우리가 믿는 도리의 소망을 움직이지 말고 굳게 잡"을 것에 대해서 경고하고 있습니다. 그 후에, 신자들의 모임에서 뒤로 물러가도록 유혹 받을 수 있는 사람들에 대한 권면이 주어집니다. 이것은 분명히 뒷걸음질에 대한 경고 중의 하나입니다. 이 편지서의 저자(나는 그가 바울이라 생각합니다만)는 이 경고의 대상에 자기 자신도 포함하고 있습니다.

그는 기록하기를 "우리가 진리를 아는 지식을 받은 후 짐짓 죄를 범한 즉 다시 속죄하는 제사가 없고 오직 무서운 마음으로 심판을 기다리는 것과 대적하는 자를 소멸할 맹렬한 불만 있으리라. 모세의 법을 폐한 자도 두 세 증인을 인하여 불쌍히 여김을 받지 못하고 죽었거든 하물며 하나님 아들을 밟고 자기를 거룩하게 한 언약의 피를 부정한 것으로 여기고 은혜의 성령을 욕되게 하는 자의 당연히 받을 형벌이 얼마나 더 중하겠느냐"(히 10:26-29). 여기에 묘사된 사람들은 진리에 대한 이해와 지식을 가지고 있지만, 고의적으로 배도에 빠진 사람들을 말하는 것입니다. 사람이 자신의 확신을 버리고 멸망에 빠질 가능성이 없다면, 하나님의 위대한 사도가 왜 이러한 분명한 경고를 남겼겠습니까?

히브리서 6장 4-6절에서, 우리는 또 다른 두려운 말씀을 볼 수 있습니다. "한번 비췸을 얻고 하늘의 은사를 맛보고 성령에 참예한바 되고 하나님의 선한 말씀과 내세의 능력을 맛보고 타락한 자들은, 다시 새롭게 하여 회개케 할 수 없나니 이는 자기가 하나님의 아들을 다시 십자가에 못 박아 현저히 욕을 보임이라." 중생을 경험했으나 후에 하나님을 거역하고 그리스도를 부인하며 성령을 버린 자들에 대해 이보다 더 잘 묘사하기는 어려울 것입니다. 이 성경 절이 경고하고 있는 사람은 자신의 행동과 결정에 따

라서, 하나님의 영향력 밖에 자기 자신을 두는 사람을 말하는 것입니다. 그러므로 그러한 사람은 자신의 불순종을 통하여 그리스도를 계속해서 십자가에 못 박는 한, 구원받을 수 없습니다.

6. 가지가 꺾여 나갈 수 있음

로마서 11장에서, 바울은 육신적 이스라엘 자손 중의 많은 사람이 하나님의 아들을 거절하여 꺾여 나간 사실에 대해 논하고 있습니다. 그는 감람나무를 사용하여 예를 들었습니다. 17절에서 20절까지에 의거하면, 가지는 이스라엘 자손들을 의미하는데, 그들의 불순종 때문에 그들은 꺾여 나갔습니다. 그 후에 돌 감람나무 가지가 접붙여졌는데, 그것은 이방인이었다가 그리스도교로 개종한 사람들을 나타냅니다. 이제 다음 권면을 주의해보십시다. "하나님이 원 가지들도 아끼지 아니하셨은즉 너희도 아끼지 아니하시리라. 그러므로 하나님의 인자와 엄위(준엄하심)를 보라. 넘어지는 자들에게는 엄위(준엄하심)가 있으니 너희가 만일 하나님의 인자에 거하면 그 인자가 너희에게 있으리라. 그렇지 않으면 너도 찍히는바 되리라"(21,22절).

그 가지들에 대한 안전은 전적으로 나무와의 연결에 달렸음을 유의하십시오. 영생에 대한 안전과 보장은 조건적입니다. 베드로도 이러한 바울의 생각에 동의하고 있습니다. "이런 것이 없는 자는 소경이라 원시치 못하고 그의 옛 죄를 깨끗케 하심을 잊었느니라 그러므로 형제들아 더욱 힘써 너희 부르심과 택하심을 굳게 하라 너희가 이것을 행한즉 언제든지 실족지 아니하니라"(벧후 1:9,10). 확실히 이것은 그리스도인들이 은혜로부터 떨어져 나갈 수 있음을 지적해 줍니다. 사람이 그리스도에게서 떠나, 심지어 구원받았다고 공공연히 말한 후에라도 멸망될 수 있다는 사실을 말해 주는 성경의 가장 중요한 구절은 베드로후서 2장 20-22절입니다. "만일 저희가 우리 주 되신 구주 예수 그리스도를 앎으로 세상의 더러움을 피한 후에 다시 그중에 얽매이고 지면(패배하면), 그 나중 형편이 처음보다 더 심하리니 의의 도를 안 후에 받은 거룩한 명령을 저버리는 것보다 알지 못하는 것이 도리어 저희에게 나으니라. 참 속담에 이르기를 개가 그 토하였던 것에 돌아가고 돼지가 씻었다가 더러운 구덩이에 도로 누웠다 하는 말이 저희에게 응하였도다." 이 말씀이 주는 교훈은 너무도 명백합니다.

그러나 "무조건적인 구원의 보장"인 태도를 보이는 사람들은 하나님의 자녀가 개나 돼지로 비유될 수 없다고 말합니다. 그러나 이 말씀이 주는 교훈은 너무도 명백합니다. 그들은 하나님과 구주 예수 그리스도를 아는 지식을 통하여 세상의 더러움에서 벗어났었습니다. 그들은 회개하였습니다. 그들은 그리스도의 편에 가담했습니다. 그들은 그들의 생애를 주님께 의탁하였습니다. 그러나 그들은 세상과 죄의 "구덩이"를 다시 생각했습니다. 애굽에서 나왔던 옛 이스라엘 백성처럼, 그들은 "고기 가마"와 "부추와 파"를 그리워했습니다. 그들은 죄의 즐거움을 생각하게 되었고, 마치 돼지가 씻었다가 더러운 구덩이로 가서 도로 눕듯이, 그리스도를 떠나서 다시 세상으로 돌아갔습니다. 어떤 그리스도인도 돼지처럼 살지 말아야 합니다. 그러나 베드로의 교훈은, 그것이 모든 그리스도인에게 생길 수 있는 가능한 일임을 보여 줍니다.

하나님의 영도 이 문제에 대하여 분명한 경고를 주고 있습니다. 들어봅시다. "그러나 성령이 밝히 말씀하시기를 후일에 어떤 사람들이 믿음에서 떠나 미혹케 하는 영과 귀신의 가르침을 좇으리라"(딤전 4:1). 이것이 언제 일어나겠습니까? 언제 어떤 사람들이 "믿음에서 떠나"가겠습니까? 그것은 지금 입니다. 그것은 우리가 살고 있는 이 시기이며, 우리 앞에 놓인 때입니다. 전에 한 번도 이런 것을 생각해보지 않으셨다면, 한번 깊이 생각해 보십시오. 틀림없이 지금은 위험한 시기입니다.

셀 수 없이 많은 사람이 믿음에서 떠나고 있습니다. 그들은 믿음 안에 있어 온 사람들입니다. 형제들과 함께 예배 드리고 함께 교회에 출석하며, 함께 기도회에 참석하였던 사람들입니다. 그들은 열성적으로 복음을 전하며 교회 사역에 자금을 드리던 사람들입니다. 그들은 교회의 목사들이었으며, 재직들이었고, 지도자적 위치에 있어온 평신도들이었습니다. 그럼에도 불구하고 그들은 믿음에서 떠나갑니다. 그들은 견고하지 못하며 충성되지 못합니다. 이제 마지막 때에 위험한 시기가 올 것입니다. 핍박과 말할 수 없는 어려움들이 올 것인데, 어떤 이들은 굳세게 서있지 못할 것입니다. 그들은 세상의 사물들에 유혹되고 악한 영에 미혹될 것입니다. 슬프게도 그들은 십자가의 구주께 대한 충성심을 버릴 것입니다. 그들은 그리스도를 사랑한다고 공언하지만, 그리스도께서 말씀하신 진리에는 등을 돌립니다. 그들도 전에는 그리스도의 편에 섰었습니다. 그러나 세상의 유혹과 시련이 왔을 때, 그들은 그리스도의 원수의 편에 가담할 것입니다.

그러나 들어보십시오! 만일 여러분들이 "영생의 무조건적 보장"을 진정으로 원하신다면, 여러분은 그것을 가질 수 있습니다. 그것은 매일 매일, 순간 순간을 그리스도 안에 있음으로써 가능합니다. 여러분들이 그리스도를 선택하고, 그분 곁에 머문다면 여러분은 승리하게 될 것입니다. 그리스도께서는 실패가 있을 수 없습니다. 그분께서는 실패하지 않으십니다. 그분은 신실한 분이십니다. "네 짐을 여호와께 맡겨 버리라.

너를 붙드시"리라(시 55:22). 여러분들이 그분 곁에 서 있는 한, 그분은 언제나 여러분 곁에 서 계실 것입니다. 예수님께서는 친히 말씀하셨습니다. "내가 곧 길이요 진리요 생명이니"(요 14:6). 요한도 주님에 대해 기록하기를, "또 증거는 이것이니 하나님이 우리에게 영생을 주신 것과 이 생명이 그의 아들 안에 있는 그것이니라. 아들이 있는 자에게는 생명이 있고 하나님의 아들이 없는 자에게는 생명이 없느니라"(요일 5:11,12).

7. 뒷걸음질 친 자가 항상 죽기 전에 주님께로 돌아오는가?

아니요. 천만에! 이스라엘의 첫 왕이었던 사울에 대한 이야기는 그것을 잘 말해줍니다. 사울에 대하여 성경은, "그가 새 사람이 되"었다고 기록했습니다. "네게 여호와의 신이 크게 임하리니 너도 그들과 함께 예언을 하고 변하여 새 사람이 되리라"(삼상 10:6). 그러나 사울은 그의 높이 들린 위치에서 뒷걸음질 쳐서 하나님을 거역하고 결국 스스로 목숨을 끊었습니다(삼상 31:1-6 참고). 사울 왕은 새 사람이 되었으나, 뒤로 물러나서 죄악 속에 빠지게 되었고, 끝까지 하나님께 반역하며 그분의 말씀에 순종하지 않다가 결국에는 아무런 회개도 하지 못한 채 죽었습니다.

8. 어떤 사람도 빼앗길 필요가 없음

마지막으로 영원한 보증의 교리를 가장 잘 지지해 주는 것으로 인용되고 있는 구절을 한번 살펴보십시다. "내가 저희에게 영생을 주노니 영원히 멸망치 아니할 터요, 또 저희를 내 손에서 빼앗을 자가 없느니라. 저희를 주신 내 아버지는 만유보다 크시매 아무도 아버지 손에서 빼앗을 수 없느니라"(요 10:28,29).

하나님을 신뢰하고 따르는 모든 자녀에게 이 얼마나 놀라운 약속입니까? 언뜻 보기에 이것은 영적으로 잃어버릴 가능성이 전혀 없는 불변의 보증처럼 보입니다. 그러나 문맥 전체를 자세히 읽어 보세요. 27절을 읽지 않는다면, 이 말씀을 기록한 요한의 의도를 심각하게 왜곡하게 됩니다. 27절은 28절과 29절의 약속을 성취시키는데 필요한 조건을 제시합니다. "내 양은 내 음성을 들으며 나는 저희를 알며 저희는 나를 따르느니라 내가 저희에게 영생을 주노니" 하나님의 보호하시는 손길 안에서 편히 거하는 자들은, 오직 그분을 진실하게 따르는 자들임을 잊지 마십시오. 그분께서는 당신의 음성을 듣고 당신을 따르는 충성스러운 양들에게만 영생을 주십니다.

사탄과 그의 부하들에 의해서 흔들려 떨어져 나가지 않고 영원히 그분 안에 거할 수 있는 방법은, 그분의 말씀을 듣고 따르는 것입니다. 하나님의 보호는 우리 안에 있는 양을 훔쳐가려고 기회를 노리고 있는 원수들로부터의 보호를 말하는 것이지, 양 우리의 주인 되시는 그리스도를 더 이상 따르지 않기로 결정하고 양 우리 밖으로 나간 불순종한 양들의 보호를 말하는 것이 아닙니다. 아무도 그들을 하늘 아버지의 손에서 빼앗아 갈 수는 없지만, 그들은 언제라도 스스로 아버지의 보호 밖으로 뛰어나갈 수는 있습니다. 하나님께서는 결코 당신을 따르는 사람들의 선택의 자유를 빼앗지 않으실 것입니다. 죄인이 하나님께서 선물로 주시는 구원을 받아들이기로 선택할 수 있듯이, 그리스도인도 멸망 받기로 선택할 수 있습니다.

만약 배도가 불가능한 것이라면, 배도에 대해서 경고하고 있는 성경의 수없이 많은 구절들이 얼마나 무용한 것인가를 생각해 보십시오. 만일 사람이 멸망 당할 수 없다면, 왜 성령께서는 바울이나 베드로 혹은 그 밖의 사도들로 하여금 영원한 멸망에 대해서 그토록 심한 경고와 권면을 남기게 하셨을까요? 만약 한번 구원받으면 그것이 영원히 보장된다는 것이 성경이 말하는 진리라고 가정한다면, 마귀는 신자들이 멸망 당하도록 노력하는 것이 쓸데없고 불가능한 일임을 잘 알기 때문에 신자들을 빼앗기 위해서 시간을 낭비하는 일을 결코 하지 않을 것입니다. 그러나 우리 모두는, 사탄이 성도들로 하여금 그리스도를 따르지 못하게 하고자 더욱 열심히 일하고 있음을 알지 않습니까?

이제 우리는, 구원이 과거나 현재의 한 차례의 취소할 수 없는 공약에 의한 것이 아니라는 결론을 내릴 때가 되었습니다. 구원을 받는다는 것은, 하나님의 입혀주시는 의와 나누어주시는 의를 계속해서 받아들이는 그리스도인의 삶을 사는 경험입니다. 그것은 영원한 생명의 원천되시는 그리스도와의 계속적이고도 역동적인 관계가 없이는 결코 현실화 될 수 없습니다. 구원받는 문제를 성서적으로 온전하게 이해하기 위해서는, 구원을 과거, 현재, 미래의 세 시제 안에서 살펴보아야 합니다. 구원은 과거에 일어났고, 현재 일어나고 있으며, 미래에도 계속되어야 합니다.

9. 과거, 현재, 미래의 구원

한번은 어떤 사람이 육지에서 멀리 떨어진 곳에서 고기를 잡고 있었습니다. 그런데 갑자기 배가 뒤집혀 물속으로 가라앉게 되었습니다. 그는 수영을 잘하지 못했습니다. 바로 그때, 다른 고기잡이배가 다가왔습니다. 그러나 그 배는 많은 화물을 싣고 있어서 더 이상의 또 다른 승객을 태운다는 것은 불가능 했습니다. 그러나 그들은 불쌍한 이 사람을 구조해 주고 싶었기 때문에 그에게 밧줄을 던졌습니다. "여기 이 밧줄을 잡으세요. 우리가 당신을 해안까지 끌어다 주겠습니다." 라고 그들은 말했습니다. 그 사람은 밧줄을 잡자마자 "하나님, 정말 감사합니다. 저는 구조되었습니다."라고 말했습니다. 맞습니다! 그가 밧줄을 붙잡고 있는 한, 그는 구조 받은 상태에 있는 것입니다.

구원은 바로 그런 것입니다. 그러나 그 구원 속에서 그가 해야 할 몫이 있습니다. 언제든지 그가 밧줄을 붙잡고 있던 손을 놓고 다시 잡기를 거절한다면, 그는 구조되지 못할 것입니다. 죄로부터 구원함을 받은 사람도 마찬가지 입니다. 그가 그리스도의 손을 잡고 있는 한, 그는 구원된 상태로 남아 있을 것입니다. 그가 잡은 손을 놓기로 마음먹고, 그 대신에 마귀의 손을 잡는다면 그는 멸망 당한 것입니다. 그의 구원은 그가 결정하는 선택에 달려 있습니다.

실제로 우리는 구원을 세 시제로 나누어서 말할 수 있습니다. 즉, 과거, 현재, 미래. 그가 밧줄을 잡았을 때, "나는 구원받았다"고 말할 수 있습니다. 그가 배에 매달려서 끌려오고 있을 때, "나는 구원받고 있다"고 말할 수 있으며, 그가 해안에 발을 들여 놓기까지, "나는 구원받은 자가 될 것이다"라고 말할 수 있습니다. 회개한 사람은 죄의 형벌로부터 구원받았습니다. 신학적으로, 우리는 이것을 "칭의"라고 말합니다. 또한 그가 현재 죄의 세력으로부터 구원받고 있다면, 이것을 "성화"라고 말합니다. 그리고 그리스도께서 오실 때, 그는 죄의 본성과 육체로부터 구원받을 것입니다. 그것을 "영화"라고 말합니다. 이 세 가지 시제가 모두, 성경이 구원에 대하여 설명할 경우에 사용되고 있습니다.

영어 성경에는 보다 분명하게 세 가지의 시제가 나와 있습니다. 로마서 8장 24절에 "우리가 소망으로 구원을 얻었으매"라는 표현이 있습니다(과거: We were saved). 고린도전서 1장 18절에는 "구원을 얻는 우리에게는"이라고 되어 있고(현재: We are being saved), 사도행전 15장 11절에는 "우리가... 주 예수의 은혜로 구원받는 줄을 믿노라"라고 기록되어 있습니다(미래: We shall be saved). 이렇게 하여, 우리는 성경에서 구원에 대하여 설명하고 있는 세 가지 시제 즉, 과거와 현재와 미래를 모두 보았습니다.

위에 언급한 예화를 잘못 이해하는 분이 있을지도 모르므로, 좀 더 상세하게 설명해 보겠습니다. 구조 받기 위하여, 그가 밧줄을 꽉 붙잡아야만 했던 사실이, 우리가 우리 자신의 행위로 구원을 획득할 수 있다는 뜻입니까? 절대로 그렇지 않습니다. 그는 밧줄을 스스로 만들지도 못하며, 다만 배에서 던진 밧줄을 붙잡고 있었을 뿐입니다. 그 자신이 아닌 다른 힘에 의해서 그가 끌려갔던 사실을 기억하십시오, 그는 단지 그 힘에 협력했을 뿐입니다. 그는 밧줄을 잡고 있었을 뿐입니다. 그가 안전하게 끌려가기 위해서는 그렇게 해야만 했습니다.

그리스도인으로서, 우리도 그리스도에 대한 우리의 믿음을 고백해야 하고, 그분께 계속해서 붙어있어야만 합니다. 그분께 확고부동하게 남아있음으로써 순종의 열매를 맺어야 합니다. 그것이 그리스도를 붙잡는데 있어서, 우리가 해야 할 몫입니다. 그분은 결코 우리를 돌아가라고 쫓아내지 않을 것입니다. 그분에게서 우리 자신을 분리시킬 수 있는 오직 한 가지 방법은, 우리 자신을 그분께로부터 끊어 버리는 것입니다. 우리에게는 그렇게 할 수 있는 선택권이 주어져 있습니다. 우리가 그리스도인이 된다고 해서, 우리의 의지가 제거되는 것은 아닙니다.

우리가 그리스도인으로 생활하는 동안에도, 우리는 언제든지 돌아서기로 결심하고, 하나님과 하늘의 사물들 대신에 세상의 사물들을 선택할 수 있습니다. 우리는 예수 그리스도를 우리의 구세주로 믿는 믿음을 통하여서만 구원받습니다. "다른 이로서는 구원을 얻을 수 없나니 천하 인간에 구원을 얻을 만한 다른 이름을 우리에게 주신 일이 없음이니라"(행 4:12).

그러나 우리는 우리의 행위로써 우리의 믿음을 증거하게 됩니다. 그것은 그분께 대한 우리의 사랑의 표현입니다. 하나님의 계명을 지키고 옳은 일을 행하는 것은, 단지 우리의 마음속에 성령께서 거하시는 결과 입니다. 바로 이러한 결과들이 성령의 열매입니다. 우리는 구원을 받기 위해서가 아니라, 구원받았기 때문에 행함이 나타나게 되는 것입니다. 그리고 우리가 마음을 다해 주님을 사랑하기 때문에, 그분께 순종하려고 할 것입니다. 우리는 결코 밧줄을 놓지 않을 것입니다. 우리는 우리의 유일한 소망이신 그리스도께 계속하여 굳게 붙어있어야 합니다. "행함이 없는 믿음은 죽은 것이니라"(약 2:26).

성경공부
넘치는 은혜

6장

왜 하나님은
우리와 같이 되셨을까요?

- 성육신의 신비 -

제1부 우리와 하나가 되시기 위해

많은 그리스도인이 예수님을 믿고 있습니다. 또 별 의심이나 깊은 생각 없이, 예수님께서 인간의 죄를 속하시기 위해서 십자가에서 치르신 대속의 죽음과 속죄의 피를 믿습니다. 그러나 왜 예수님께서 우리와 같은 몸을 입고 이 땅에 오셔야 했는가? 그리고 왜 우리와 같이 되셔서 인간의 삶을 몸소 체험하시며 사셨는가? 하는 중요한 문제에 대해 깊이 생각하는 그리스도인들은 드뭅니다. 독자 여러분께서는 어쩌면 이러한 주제에 대해 전혀 가르침을 받지 못했거나, 이 주제에 초점을 맞추어 설교하는 것을 전혀 들어보지 못했을지 모릅니다. 그러나 이 주제는 너무나 중요한 주제입니다. 우리와 같이 되신 하나님, 그리고 하나님이 우리와 같이 되셔야만 했던 이유를 연구하는 일 속에는 놀라운 비밀이 숨어 있습니다. 이 연구 속에 숨어 있는 비밀과 신비를 터득한 사람만이 마지막 여자의 남은 무리가 될 수 있으며, 이 신비를 체험으로 터득한 사람만이 마지막에 구원을 얻을 것입니다. 이 책에서는 성육신의 신비를 함께 공부해 보기로 합니다. 기도하는 마음으로 읽어주시기를 바랍니다.

1. 서론

밖에 눈이 많이 내리는 추운 밤이었습니다. 불을 따뜻하게 지핀 벽난로 옆에서 제임스 씨가 성경을 읽고 있었습니다. 그는 성경을 읽으면서, 왜 예수님께서 이 세상에 인간이 되어 오셔야만 했을까 하는 문제를 골똘히 생각하고 있었습니다. 그런데 창문 쪽에서 무엇이 부딪히는 소리가 자꾸 퍽퍽 들리는 것이었습니다. 이상하게 생각한 그가 창문에 가보니, 그 소리는 추운 바깥에서 참새들이 방안으로 들어오려고, 창문이 있는지도 모르고 돌진해오다가 창문에 부딪혀 떨어지는 소리였습니다. 너무나 세차게 돌진하기 때문에 새들은 창문에 부딪힌 후 떨어져서는 다시는 움직이지 않았습니다. 처음에 그는 대수롭지 않게 생각하고 계속 성경을 읽었으나, 너무 많은 새가 자꾸 부딪히는 바람에 그만 안타까워져서 일어섭니났다. 그리고는 추운 밖으로 나가서 새들을 쫓기 시작했습니다. "훠이, 훠이! 새들아, 오지 마라! 저리로 날아가라! 그렇게 세게 날아오면 창문에 부딪혀 죽어. 저리 가!" 그러나 새들은 그의 말을 알아듣지 못하고 자꾸만 날아들다가 창문에 부딪혀 죽는 것이었습니다. 그는 눈보라가 치는 밖에 한참을 서서 새들을 쫓았습니다. 눈 위에 서 있는 그의 발은 점점 얼기 시작했고, 코는 추위에 빨갛게 되었습니다. 그러나 온 힘을 다해 오랫동안 손을 휘저어 새들을 쫓았지만 아무 소용이 없었습니다. 슬프고 안타까운 마음으로 그는 생각했습니다. "아아, 내가 새라면, 내가 새들의 말을 할 수 있다면 그들을 구원할 수 있으련만!..." 그때, 한 생각이 그의 머리를 빠르게 스치고 지나갔습니다. 그는 비로소 확실하게 깨달았습니다. "아, 그랬구나! 그래서 예수님이 인간이 되어 오셨구나!"

"왜 하나님께서 인간이 되어 이 세상에 오셨는가? 그리고 왜 하나님이 우리와 같이 되셨는가?" 이 질문에 대한 가장 첫 번째 대답은, "우리와 하나가 되시기 위해서"입니다. 예수님이 없었다면, 우리가 하나님에 대하여 잘 알기가 매우 어려웠을 것입니다. 예수님께서 인간이 되어 가까이 다가오셔서 우리와 같은 언어로 말해주지 않으셨다면, 아마 우리는 아직도 하나님에 대하여 잘 알지 못하고 있을 것입니다. 하나님께서 왜 우리와 하나가 되셔야 했을까요? 성경은 이 문제에 대해 어떻게 말하고 있을까요?

"거룩하게 하시는 자와 거룩하게 함을 입은 자들이 다 하나에서 난지라 그러므로 형제라 부르시기를 부끄러워 아니하시고"(히 2:11).

"자녀들은 살과 피를 함께 나누는 자들이 되는 것같이 그분도 역시 손수 동일한 것을 함께 나누는 자가 되심은, 죽으심을 통하여 죽음의 세력을 가진 자인 그 마귀를 멸망시키시며, 또 죽음을 두려워하여 일평생 매여 종노릇하는 모든 자들을 놓아주시려 함이니라." (히 2:14,15 KJV역).

"이는 주님께서 진실로 천사들의 본성을 입지 않으시고 아브라함의 씨를 입으셨음이라" (히 2:16, KJV역).

"그러므로 저가 범사에 형제들과 같이 되심이 마땅하도다. 이는 하나님의 일에 자비하고 충성된 대제사장이 되어 백성의 죄를 구속하려 하심이라. 자기가 시험을 받아 고난을 당하셨은즉, 시험받는 자들을 능히 도우시느니라"(히 2:17,18).

"저가 무식하고 미혹한 자를 능히 용납할 수 있는 것은, 자기도 연약에 싸여 있음이니라" (히 5:2).

위의 성경 절들은 무엇을 말하고 있습니까? 이 모든 성경 절은 예수님께서 우리와 같은 인성을 입으셨다고 말하고 있습니다. 그리고 그렇게 하신 이유는, 우리와 같이 되셔서, 우리와 하나가 되셔서, 사람들을 어떻게 도우실지를 아시기 위하여 성육신 하신 것이라고 말씀하고 있습니다. 우리 인간들과 한 형제가 되기를 부끄러워하지 않으시고, 한 혈육에 속하신, 성육신 하신 하나님! 시험을 당하여 어쩔 줄 모르는 연약한 인간들을 도우시기 위해, 그리고 죄의 강한 유혹과 사탄과 악의 세력과 싸우며 투쟁한다는 것이 무엇임을 손수 겪으시고 이해하시기 위해, 전능하신 하나님께서 인성을 입으시다니, 얼마나 놀라운 사랑입니까!

2. 체휼하시는 분

"이는 우리에게 계신 대제사장은 우리의 연약함을 몸소 느끼지 못하시는 분이 아니요, 모든 점에서 우리와 똑같이 유혹을 받으신 분이로되 죄는 없으신 분이시니라."
(히 4:15).

히브리서 4장 15절에는 예수님은 우리의 "연약함을 몸소 느끼지못하시는 분이 아니요"라는 말이 나옵니다. 이 말은 "동정하고 불쌍하게 여긴다"는 뜻입니다. 예수님은 우리 인간들의 연약함을 몸소 느끼신 분, 곧 우리를 동정하고 불쌍하게 여기시는 자비로우신 구세주이십니다. 예수님은 인간이 되셔서 인간이 당하는 모든 유혹을 당하셨기 때문에, 인간의 모든 사정을 아시며, 그 누구보다도 인간을 이해하시며 동정하십니다. 그분은 손수 당하신 그 유혹의 힘을 아시며, 인간이 당하는 불행과 시련과 고통을 아시기 때문에, 우리를 동정하시며 돕기를 심히 원하십니다. 그분께서는 사탄이 이 세상에 뿌려 놓은 거짓 정보(곧 하나님은 가혹하시며, 죄를 용서하지 않으시고, 심판하시기를 좋아하시는 인색하고 무서운 하나님이라는 거짓 정보) 속에서, 하나님을 올바로 알지 못하고, 하나님의 참모습과 성품을 곡해하여 두려워 떠는 사람들에게 하나님의 사랑을 보여주시기를 원하셨습니다.

그러나 하나님으로 나타나셔서는 인간들을 도우실 수 없으셨습니다. 물론 전능하신 하나님께 능치 못할 일이 없으시겠지만, 연약에 싸여 죄의 세력 아래서 헤매며 죽어가는 사람들을 구원하시기 위해서는, 인간의 수준으로 내려오셔서, 인간의 언어로, 인간의 삶을 이해하시는 입장에서 이 일을 하셔야 했습니다. 그것이 주님께서 성육신 하신 이유 중의 하나입니다. 곧 우리와 하나가 되시기 위해서입니다. 그분은 우리의 연약함을 몸소 느끼신 분이십니다.

3. 어떻게 도울지를 아시는 분

"저가 무식하고 미혹한 자를 능히 용납할 수 있는 것은, 자기도 연약에 싸여 있음이니라" (히 5:2).

미국속담에 "남의 신발을 신어 봐야지 안다"는 속담이 있습니다. 또한, 인디언 속담에도 "남의 신발을 신고 십 리를 가보지 않으면 그 사람에 대하여 아무것도 말하지 마라"는 속담이 있습니다. 한 번도 범죄해 본 적이 없고, 이 세상에 살아 본 적이 없고, 죄의 세력의 무서움과 유혹을 체험하거나 견뎌보지 않은 천사들은 인간을 도울 수는 있지만, 인간을 완전히 이해할 수는 없습니다. 그러나 우리와 같은 인성을 쓰시고 이 세상에 오셔서, 이 죄악의 땅에서 사셨던 예수님께서는 인간을 온전히 이해하실 수 있습니다. 친히 인간의 삶을 몸소 체험하신 예수님께서는, 죄의 세력이 얼마나 무섭고 강한지를, 그리고 그 죄의 유혹을 견디기 위해 얼마나 하나님 아버지를 의지하고 강한 믿음으로 그것을 저지해야 하는지를, 그리고 하나님의 뜻대로만 살기 위해 얼마나 자아를 철저하게 부인하고 십자가에 못 박아야 하는지를 잘 아십니다. 그러므로 그분께서는 우리를 어떻게 도우실지를 아십니다. 인간의 연약함을 아시고 동정하시며 이해하실 수 있습니다.

4. 죄의 세력을 느끼신 예수님

예수님께서 이 땅에 사실 때에 죄의 세력을 느끼셨는가? 우리와 같은 인성을 입으신 예수님께서, 죄의 세력을 이기고, 하나님의 뜻을 행하며, 아버지의 뜻대로만 살기 위해 투쟁하신 모습이 성경에 나와 있는가? 그렇습니다. 성경은 인성을 쓰신 예수님께서 눈물로 사투하신 모습을 이렇게 기록하고 있습니다.

"그는 육체에 계실 때에, 자기를 죽음에서 능히 구원하실 이에게 심한 통곡과 눈물로 간구와 소원을 올렸고, 그의 경외하심을 인하여 들으심을 얻었느니라" (히 5:7).

이 성경 절이 도대체 무슨 뜻일까요? 왜 예수님께서 심한 통곡과 눈물로 간구와 소원을 하나님께 올려야만 했을까요? 육체로 계신 예수님은 악의 세력을 느끼셨습니다. 사탄은 할 수만 있으면 하나님의 아들을 괴롭히고 그분의 사명을 완수하지 못하도록 방해하고 있었습니다. 그 당시 그렇게 마귀 들린 사람과 악령 들린 사람이 많았던 것은, 사탄이 메시아의 사역을 방해하고 그의 세력을 세상에 펼쳐, 인간들을 죄악과 그의 권세 아래 단단히 속박시켜 붙들어 매려고 사력을 다했기 때문입니다. 또한, 사탄은 교회 안에 역사 하여, 제사장들과 바리새인들을 통하여 예수님의 사역을 하지 못하도록 방해하고, 첩자를 보내어 흠을 잡아 교란시키며, 틈틈이 그분의 생명을 해하려고 하였습니다. 그리고 특히 백성이 예수님께서 말씀하시는 생명과 진리의 말씀을 받아들이지 못하게 하려고 예수님을 모함하고 괴롭혔습니다.

예수님의 생애는 계속적인 기도의 생애였습니다. 히브리서 5장 7절이 시사하는 바와 같이, 예수님께서는 심한 통곡과 눈물의 간구를 매일 아버지 하나님께 올리셨습니다. 왜 그래야 하셨습니까? 주님께서는 자신의 뜻대로 행하기를 원하지 않으셨습니다. 그것이 설령 하나님의 사역을 하는 것이라 할지라도, 그분께서는 철저하게 하나님의 뜻대로만, 그리고 하나님 아버지의 시간과 방법과 섭리대로만 하기를 원하셨던 것입니다. 그분은 그의 신성을 사용하여, 그분의 메시아 되심을 부인하고 그분을 조롱하며 괴롭히는 사람들을 제압하실 수도 있었고, 또한 그분의 놀랍고 두려운 능력으로 자신이 메시아임을 증거하고 과시하실 수도 있으셨습니다. 그러나 예수님께서는 간절하게 하나님께 기도하시며, 자신의 뜻이 하나님의 뜻과 시간을 능가하지 않도록 제어하셨습니다. 그분께서는 인간의 충동이나 감정을 넘어서, 하나님의 뜻대로만 살기 위해 눈물로 간구하셨던 것입니다. 그것은 자신을 부인하고 십자가에 못 박는 경험이었습니다. 사탄은 할 수만 있으면 예수님이 범죄하도록 그를 괴롭히고 유혹했습니다. 그래서 그분은 사탄과 죄악의 세력을 대항하여 싸우고 하나님께만 영광 돌리는 생애를 사시기 위하여, 그리고 죄악의 세력에 빠져서 고생하는 사람들을 위하여, "심한 통곡"으로 "새벽 미명에" 간절히 기도하시는 생애를 사셨던 것입니다.

제2부 예수님의 본성이 우리와 무슨 관계가 있는가?

예수님께서 우리와 같은 인성을 입으셨든지 다르든지 우리와 무슨 상관이 있느냐고 의아해할 독자가 있을지 모르겠습니다. 그러나 예수님께서 어떤 본성을 가지고 이 땅에 오셨는가 하는 문제는, 우리의 구원과 영생이 좌우될 수 있는 매우 중요한 문제입니다. 이 문제에 대해 함께 연구해 보기로 하겠습니다.

1. 연구에 앞서

여기서 한 가지, 함께 공부하기 전에 먼저 밝혀두고자 하는 것은, 예수 그리스도는 우리와 같은 인성을 쓰셨지만, 신성을 가지신 하나님이셨다는 사실입니다. 그러므로 여기서 우리가 연구하려고 하는 것은 예수님의 인성이지, 신성이 아닙니다. 예수님의 신성을 논하려는 것이 아니라, 예수님께서 어떤 본성을 입고 오셨는가 하는 문제를 함께 연구하는 것입니다. 또한, 특별히 주지해야 할 것은, 우리가 연구하고자 하는 문제는, 성육신이 어떤 방식으로 이루어졌는가 하는, 즉 그리스도의 신성이 어떻게 인성과 연합할 수 있었는가 하는 것이 아니라는 것입니다. 예수님께서는 100% 하나님이셨습니다. 그러나 동시에 예수님은 100% 인간이셨습니다.

하나님 아들의 성육신은 부정할 수 없는 하나의 신비입니다. 사도 바울은 이 신비에 대하여, "크도다 경건의 비밀이여, 그렇지 않다 하는 이 없도다. 그는 육신으로 나타난 바 되시고, 영으로 의롭다 하심을 입으시고, 천사들에게 보이시고, 만국에서 전파되시고, 세상에서 믿은 바 되시고 영광 가운데서 올리우셨음이니라"(딤전 3:16)라고 말합니다. 이 신비는 단순히 성육신뿐만 아니라 구속의 계획의 모든 면과 관계됩니다. 예수 그리스도의 성육신과, 그분의 속죄와 중보사역에 관한 연구는, 진리를 찾고 연구하는 사람들의 마음속에 놀라운 하늘의 보화를 가져다줄 것입니다. 그리스도의 성육신을 명상할 때에, 우리는 인간의 마음이 이해할 수 없는 심오한 신비 앞에서 당황하게 됩니다. 그리고 이 신비에 대해 숙고하면 할수록, 이 속에서 진리는 더욱더 놀랍게 나타나, 우리는 주님의 크고 놀라운 사랑에 감탄하게 될 것입니다.

그리스도의 인성은 진리에서 매우 중요한 자리를 차지하고 있으며, 이것은 우리의 영혼을 그리스도께, 또한 그리스도를 통하여 하나님께 묶는 황금 사슬이 됩니다. 이 신비한 주제를 연구할 때에 우리는 경건한 마음으로 연구해야 할 것인데, 이것은 우리의 이해가 닿을 수 없는 먼 곳에 있는 신비이기 때문입니다. 그러므로 우리가 여기서 연구하여 풀어야 할 문제는, 왜 성육신이 이루어졌는가? 그리고 어떤 종류의 육체 속에 그리스도께서 나타나셨는가? 하는 것입니다.

2. 두 그리스도?

기독교 안에는 두 그리스도(?)가 있습니다. 한 그리스도는 우리와 같은 본성을 가지고 오신 그리스도이고, 다른 그리스도는 우리와 다른 본성을 가지고 오셨다는 그리스도입니다. 그런데 어떤 그리스도를 믿는가에 따라 우리의 믿음과 신앙의 견해가 현저하게 달라지고 맙니다. 예수님의 본성이 우리와 같은 것이었는가, 그렇지 않은 것이었는가 하는 문제는 그리스도인들에게 있어서 매우 중요한 문제입니다. 예수님이 우리와 같은 본성을 입으셨다고 믿는 것과 예수님께서 우리와 다른 본성을 입고 오셨다는 것을 믿는 것 사이에는 큰 차이가 있기 때문입니다. 어떤 차이가 있을까요?

만일 예수님이 우리와 같은 인성을 입고 오셨다고 믿으면, 그것은 우리도 하나님의 은혜와 능력으로 예수님께서 사신 것과 같이 죄를 승리하며 하나님의 성품을 온전히 드러내는 삶을 살 수 있다고 믿는 것이 되며, 예수님은 구세주일 뿐 아니라 우리와 같은 인성을 입고 오셨으므로, 예수님께서 사신 생애와 성품이 우리의 모본이 되신다고 믿는 것이 됩니다. 그러나 만일 예수님께서 우리와 다른 본성을 가지고 오셨다고 믿으면, 예수님은 우리를 구원하시는 구세주는 되시지만, 우리와는 다르므로 우리의 모본이 되실 수 없고, 그러므로 우리가 예수님의 성품을 가지거나 거룩하게 성화 되어야 할 필요성이 없어지게 되는 것입니다. 그러므로 예수님께서 어떤 인성을 가지셨는가를 믿는 견해는 우리의 신앙 생애와 구원에 막대한 영향을 끼치고 있는 것입니다.

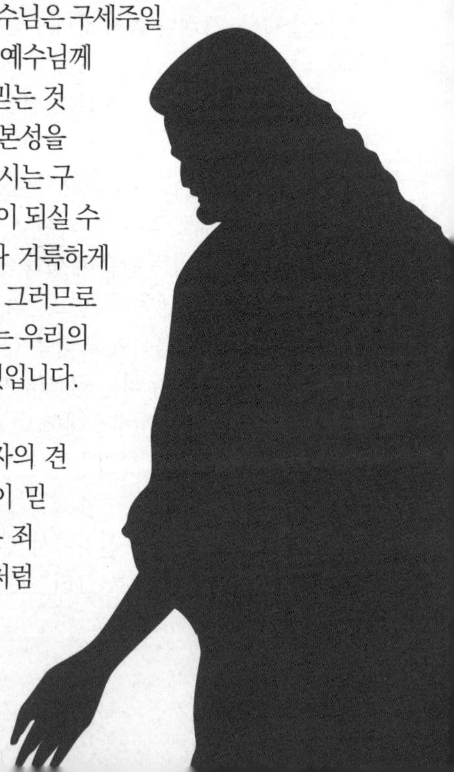

현대 기독교의 신학자들 가운데 대부분이 후자의 견해를 밝히고 있습니다. 대부분 목사와 지도자들이 믿기를, 예수님의 본성은 우리와는 다르므로 우리는 죄 가운데 태어나 죄를 지을 수밖에 없으며, 예수님처럼

죄를 승리하는 생애를 사는 일이 불가능하며, 그러므로 은혜로만 구원을 얻는 것이라고 가르치고 있습니다. 거의 모든 신학자는, 구원에 필요한 것은 죄를 용서받아 의롭다고 칭함을 받는 "칭의"(Justification)가 전부라고 믿으며, 죄를 짓더라도 그 죄는 구원에는 지장이 없다고 결론을 내리기 때문에, 흔히 "한 번 구원을 받으면 영원토록 구원을 상실하지 않는다"(once-saved-always-saved)는 이론이나 그와 유사한 주장을 믿습니다.

그러나 전자인, 그리스도께서는 우리와 같은 본성, 곧 아담이 타락한 이후의 본성을 쓰고 오셨다는 의견을 믿는 신학자들과 신자들의 신앙은 그와는 정반대입니다. 전자의 의견을 가진 사람들은, 우리도 하나님께서 주시는 은혜와 능력으로 예수님께서 사신 것처럼 죄를 미워하고 죄를 승리하는 생애를 살 수 있다는 것을 믿습니다. 그리고 하나님께서 우리가 사는 생애 동안 우리의 죄를 지적해서 알게 해주시며, 그때마다 그 죄를 이길 힘도 함께 주시는 것을 믿습니다. 그들은 은혜로 죄를 용서받고 의롭다고 칭함을 받는 "칭의"를 하늘나라에 들어갈 수 있게 하는 조건이라고 믿으며, 죄를 이기는 것 그 자체가 하늘에 들어가도록 보장해 주는 것은 아니지만, 그러나 거룩하게 변화되고 성화 된 사람만이 하늘에 가서 살 자격을 갖추는 것이라고 믿습니다. 그리고 순결하고 완전한 성품을 가진 사람만이 하나님의 마지막 증인이 될 수 있으며, 여자의 남은 자손이 된다는 것을 알기 때문에, 하나님의 은혜로 내일 죄를 이기는 승리의 생활을 살아야 한다고 믿고 있습니다.

3. 신학자들의 견해

역사적으로 그리스도께서 아담이 범죄한 이후의 인성을 취하셨다는 주장은 심각한 이설로 받아들여졌습니다. 왜냐하면, 초기 기독교의 순수한 가르침과 복음이 교황권의 지배와 교리의 변경으로 말미암아 변질하였으며, 그로 인해 기독교에 들어온 오류가 순수한 가르침과 복음을 파괴했기 때문입니다. 특별히 유명한 신학자로 알려진 가톨릭의 교부 어거스틴이 주창한 많은 교리가 성서와 맞지 않는 오류임에도 천주교뿐 아니라 기독교의 교리에도 깊숙이 자리 잡게 되었으며, 이로 인해 예수님의 인성은 우리 인간들과는 다른 먼 거리에 있는 다른 본성으로 탈바꿈하게 되었습니다. 오늘날의 식견 있고 신실한 많은 그리스도인은 이 문제에 대하여 아직도 논쟁의 여지가 남아 있음을 인정합니다.

그러나 다행스럽게도, 20세기 후반의 신학자들, 칼 바르트(Karl Barth), 에밀 부르너(Emil Brunner), 루돌프 불트만(Rudolf Bultmann), 오스카 쿨만(Oscar Cullmann), J.A.T. 로빈슨(J.A.T. Robinson)과 같은 유명한 신학자들이, 공개적으로 타락으로 영향을 받은 예수님의 인성을 그들의 저서들에서 후원하고 있다는 것입니다. 그들은, 예수님은 아담이 범죄한 이후의 인성을 가지셨으며, 우리와 같은 유전 법칙의 영향을 받은 분으로서의 예수님의 인성을 공공연하게 지지했습니다. 칼 바르트 (Karl Barth)는, 1934년 초에 출판된 기사를 통하여 이러한 본성을 지지하고 있습니다. 그의 가장 중요한 논점은 "진정한 하나님 그리고 진정한 인간"이라는 제목 아래 실린 그의 글에서 찾아볼 수 있는데, 그의 글에서 그는 그리스도께서 "진정한 하나님"이었음을 확실히 밝힌 후, 그리스도의 타락한 인성에 대해 전혀 의심의 여지를 남기지 않습니다.

그런데 현재 기독교 안에서, 예수님의 본성에 대한 가르침이나 그분의 인성에 대해 초점을 맞추거나 가르치는 일이 거의 없습니다. 구세주가 되시는 예수님에 대해서 가르치기만 할 뿐, 구세주뿐 아니라 모본도 함께 되시는 예수님에 대해 잘 가르치지 않습니다. 따라서 기독교에는 예수님이 모본이 되실 필요가 없는 신앙이 자리를 잡았고, 또한 예수님처럼 죄를 승리하며 온전한 성품을 이루어야 한다는 성화의 가르침을 거의 잃어버리게 된 것입니다. 우리는 성경이 말하고 가르치고 있는 정확한 그리스도의 본성을 믿어야 합니다. 왜냐하면, 이것은 우리를 구원받게 하고 마지막 하나님의 증인이 되게 하는 중요한 문제이기 때문입니다.

제3부 정말 우리와 같은 인성을 입으셨는가?

예수님께서 정말 우리와 같은 인성, 아담이 범죄 한 후의 인성을 입으셨는가? 예수님께서 정말 우리가 당하는 것과 같은 죄의 유혹을 받으셨는가? 정말 예수님께서 우리처럼 슬픔과 고통을 느끼셨는가? 예수님의 인성을 연구하다 보면, 이와 같은 여러 가지 질문들이 머릿속에 떠오를 것입니다. 그렇다면 우리는 어디에서 이 질문들에 대한 답을 얻을 수 있을까요? 성경에 이런 질문들에 대한 답이 나와 있을까요? 그렇습니다. 자, 이제부터 이 질문들에 대한 답을 함께 연구해 보기로 하겠습니다.

1. 성경이 말하는 예수님의 본성

빌립보서 2장 7,8절

"오히려 자기를 비어 종의 형체를 가져 사람들과 같이 되었고,
사람의 모양으로 나타나셨으매..."

성경은 예수님께서 입으셨던 인성이 우리와 같은 인성이라고 말하고 있습니다. 그렇다면 예수님께서는 우리와 얼마나 많은 점에서 같았을까요?

"모든 일에"입니다. "그러므로 저가 범사에 형제들과 같이 되심이 마땅하도다"(히 2:17). "범사에"라는 말은 영어로 "in all things"인데, 이것은 "모든 일들에서"라는 뜻입니다. 그러므로 인성에서 예수님은 우리와 같으셨습니다. 하나님이셨지만 우리와 같은 감정 -슬픔, 기쁨, 고뇌, 행복- 을 느끼시고, 또 우리와 똑같이 육체적인 상황(배고프고 피곤하신)을 가지셨습니다. 저명한 신학자 중, 특히 쿨만과 볼트만은 "빌립보서 2장 5-8절" 말씀에 대하여 동일한 의견을 가지고 있었습니다. "쿨만"은 "종의 형체를 가져"라는 뜻에 대하여 그의 주석에 기록하기를, "종의 형체를 취하기 위해서는 무엇보다도 먼저 사람의 형체, 곧 인간의 타락으로 영향을 받은 한 사람의 형체를 취할 필요가 있었다"라고 했습니다.

빌립보서 2장 7절의 "사람들의 모습이 되셨으며"라는 성경 구절의 영어 표현은 "in the likeness of men"입니다. 여기서 사용된 "likeness"의 원어는 "Homoiomati"라

는 뜻으로서, 겉모양만 똑같은 것이 아니라, "모든 것이 완벽하게 같다."라는 뜻입니다. 이 의미가 바로 "사람들과 같이 되셨습니다."라는 말의 뜻입니다. 더욱이 그다음 구절 "사람의 모양(fashion)으로 나타나셨으매"가 강조하는 것처럼, 예수님께서는 성육신 하심으로 완전한 인간의 상태를 받으셨습니다. 그리하여 본질적으로 하나님이신 분께서, 속죄사역을 이루시기 위하여 그의 부르심에 순종하심으로 인간의 육신이 되신 것입니다. 이것이 예수님께서 하나님의 형상과 하나님과의 "동등성"을 버리고 "종의 형체를 가져 사람들과 같이 되었다"는 의미입니다. 그러므로 이 말씀은 곧, 예수님께서 단순히 인간의 겉모습만 가지셨다는 의미가 아니라 모든 면에서 우리와 같은 인성을 가지신 것을 가리킵니다. 예수님께서는 인성을 쓰시고 우리에게 다가오시되, 우리와 같은 인성을 입으시고 우리에게 가까이 오셨던 것입니다. 얼마나 놀라운 겸손과 사랑입니까!

로마서 8장 3절

"이는 율법이 육신을 통해서는 연약하여 할 수 없는 것을 하나님께서는 하셨나니, 곧 자신의 아들을 죄 있는 육신의 모습으로 보내셔서 그 육신에 죄를 정죄하셔서"

성육신 하신 이유와 어떠한 육신을 취하셨는지를 이 성경절보다 더 잘 설명하는 말씀은 없는 것 같습니다. 초기 신학자들은 "죄 있는 육신의 모양"이라고 표현된 킹 제임스 성경 말씀을, 그리스도께서 성육신 하실 때의 가지셨던 예수님의 육신에 대한 바울의 정의라고 자연스럽게 해석하고 그대로 믿었습니다. 그들은 "모습"이라는 말을 빌립보서 2장 7절에 나타난 것과 정확하게 같은 의미로 사용된 것으로 생각하였습니다. 이 성경절 중 "죄 있는 육신의 모습으로 보내어"라는 구절을 영어로 살펴보면, "God sending his own Son in the likeness of sinful flesh"라고 되어 있습니다. 여기서 "likeness"의 원어도 "Homoiomati"로서 빌립보서 2장 7절의 뜻과 같다. 그리고 "육신에 죄를 정죄하사"라는 성경 절은, "죄 된 육체 속에서" 즉, 타락한 육체의 유전자의 영향을 받으셨지만 죄 없는 삶을 사신 예수님께서, 실제로 "죄를 육신에 정죄하"(롬 8:3)셨다는 뜻으로 해석되었습니다. 그런데 여기서 주지해야 할 사실은, 이 말씀이 그리스도께서 죄인이 되셨다는 의미도 아니며, 아무리 작은 것일지라도 어떠한 인간의 죄에 참여하셨다는 의미는 아니라는 것입니다.

히브리서 2장 16절

"이는 주께서 진실로 천사들의 본성을 입지 않으시고 아브라함의 씨를 입으셨음이라" (히브리서 2:16, KJV역).

성경의 히브리서만큼 예수님의 성육신에 대한 명쾌한 답을 주는 책은 없습니다. 히브리서를 깊이 연구하면, 이 문제에 대한 모든 의문과 질문이 눈 녹듯이 사라지는 것을 발견할 것입니다. 위의 성경절은 더 이상의 해석이나 주석이 필요 없는 성경절입니다. 예수님께서 이 땅에 인간으로 오셨을 때에 입으셨던 본성에 대해 이것보다 더 명확한 표현을 어디서 찾아보겠습니까? 예수님께서는 천사들의 본성, 즉 인간 이상의 어떤 신적인 본성을 취하신 것이 아니요, 아브라함의 씨, 즉 아담이 타락한 이후의 죄와 유전법칙의 영향을 받는, 우리와 같은 본성을 입고 나셨다고 히브리서 2장 7절은 정확하게 증언하고 있는 것입니다. 아브라함의 후손들이 가지고 있었던 연약성에는 어떤 것들이 있었습니까? 그것이 바로 우리가 가지고 있는 연약성이 아닙니까? 그러므로 다윗의 조상과 후손들을 살펴보면, 그리스도께서 태어나셨던 그 혈통은 모든 인간적 연약성을 그분 안에 쌓이게 하는 것이었음을 알 수 있습니다. 그런 연약성이 역사 하는 인간의 성향 속에서도 죄를 짓지 않으시고, 우리와 같은 인성을 쓰시고도 우리의 모본이 되셔서 우리를 따라오라고 하시며 고난의 길을 앞서 걸어가신 예수님을 생각하면, 그 신비가 정말 놀랍고 눈물겹게 느껴지지 않는지요?

로마서 1장 3절, 히브리서 2장 7절

"이 아들로 말하면 육신으로는 다윗의 혈통에서 나셨고" (롬 1:3).
"주님께서 그분을 잠시 동안 천사들보다 조금 낮추시더니" (히 2:7, KJV).

이 문제를 이야기할 때, 많이 인용되는 다른 성경 절 중에 또 하나는 로마서 1장 3절입니다. 이 성경 절은 그의 조상을 통하여 예수의 본성에 관한 정의를 내리고 있는데, 정확하게 "다윗의 혈통에서 나셨고"라고 언급하고 있습니다. 다윗의 혈통이라면 어떤 혈통입니까? 하나님의 혈통인가, 아니면 인간의 혈통인가? 히브리서 2장 7절과 9절을 보면 이런 말씀이 나옵니다. "그분을 잠시 동안 천사들보다 조금 낮추시더니", "우리가 예수님을 보니, 그분께서는 죽음의 고난을 받으심으로 인하여 잠시 동안 천사들보다 낮아지셨다가 영광과 존귀로 왕관을 쓰셨으니..."(KJV) 이 구절 또한 예수님의 본성에 대해 명확하게 기록하고 있습니다.

여기 언급된, 천사보다 잠깐 동안 낮아지심을 입은, "죽음의 고난을 받으심으로… 영광과 존귀로 왕관을 쓰신" 예수님의 본성은, 사망의 지배를 받고 있는 우리 인간들과 같은 본성입니다. 그러므로 분명히 예수님께서는 인간으로서 사망이 들어 온 후의 인성을 쓰셨고, 사망의 지배를 받기 전의 인성을 쓰시지 않았다는 것을 알 수 있습니다. 사망이 들어온 것은 오로지 죄 때문입니다. 그러므로 예수님은 인간이 범죄한 후의 인성을 쓰셨다는 것이 증명됩니다.

또 히브리서 2장 10절에 보면 "모든 것이 자신을 위하여 존재하고 모든 것이 자신을 통하여 존재하게 하신 그분께서 많은 아들들을 이끌어 영광에 들어가게 하시는 일에서 그들의 구원의 주관자를 고난을 통하여 완전하게 하심은 합당하도다."(KJV)라는 구절이 있습니다.

범죄 하기 전에는 인간은 고난을 당하는 일이 조금도 없었습니다. 그러므로 만일 예수님께서 범죄 하기 전의 인성을 쓰고 오셨다면, 그런 인성과 방법으로는 인간의 고난을 결코 알 수 없었을 것이며, 그러므로 인간을 돕고 이해하며 동정하는 능력이 그렇게 넓게 미치지 못하셨을 것입니다. 그러나 주님은 사람들을 이끌고 영광에 들어가기 위해, 고난을 통하여 온전하게 되셨습니다. 그러므로 예수님께서 인간이 되셨을 때에, 고난 곧 죄의 삯인 죽음의 고난을 받고 있는 인성에 참여하신 것이 확실합니다.

한 혈육에 속하심

히브리서의 몇 성경 구절들은 예수 그리스도와 그의 "형제"들의 인성의 본질을 강조하기 위하여 쓰였습니다. 예를 들면, "거룩하게 하시는 자와 거룩하게 함을 입은 자들이 다 하나에서 난지라. 그러므로 형제라 부르시기를 부끄러워 아니하시고"(히 2:11)라는 구절과 "자녀들은 혈육에 함께 속하였으매, 그도 또한 한 모양으로 혈육에 함께 속하심은, 사망으로 말미암아 사망의 세력을 잡은 자 곧 마귀를 멸하시며"(2:14)라는 말씀, 그리고 "그러므로 저가 범사에 형제들과 같이 되심이 마땅하도다. 이는 하나님의 일에 자비하고 충성된 대제사장이 되어 백성의 죄를 구속하려 하심이라"(2:17)는 말씀들이 그것입니다.

또 다른 성경 절은 "우리에게 계신 대제사장은 우리의 연약함을 몸소 느끼지 못하시는 분이 아니요, 모든 점에서 우리와 마찬가지로 유혹을 받으신 분이로되 죄는 없으신 분이시니라"(히 4:15, KJV)고 표현되어 있으며, 이 모든 성경 절들은 예수님과 인간이 한 혈통임을 강조하고 있습니다.

또한, 갈라디아서 4장 4,5절에 바울이 선언한 "때가 차매 하나님이 그 아들을 보내서 여자에게서 나게 하시고, 율법 아래 나게 하신 것은 율법 아래 있는 자들을 속량하시고 우리로 아들의 명분을 얻게 하려 하심이라"는 말씀과 고린도후서 5장 21절 "하나님이 죄를 알지도 못하신 자로 우리를 대신하여 죄를 삼으신 것은, 우리로 하여금 저의 안에서 하나님의 의가 되게 하려 하심이라"는 말씀들은 우리와 한 혈통을 가지신 예수님에 대해 증거하고 있습니다.

2. 예수님의 무한한 겸손과 치욕

아담이 범죄하기 전의 인성을 쓰시는 것도 그리스도 예수님께는 무한한 치욕이 되었을 것이지만, 예수님께서는 인간이 타락한 지 4,000여 년 후, 우리와 같은 인성을 쓰시고 성육신 해서 오심으로 우리와 한 형제가 되셨습니다. 곧, 인간의 타락한 영향과 인간의 유전 법칙의 영향과 인간의 연약성을 그대로 다 받으신 채 인간이 되어 오신 것입니다. 주님은 우리를 너무나 사랑하셔서 우리의 형제가 되시기를 부끄러워하지 않으셨습니다. 그리고 우리와 같은 시험을 받으셨지만, 한 번도 범죄하지 않으신 성령이 충만한 생애를 사심으로 우리의 모본이 되신 것입니다. 혹자는 예수님의 인성에 대하여 말하기를, 예수님께서 인간의 모양만 가지셨다고 말합니다. 만일 그렇다면 예수님께서 십자가에 달려 돌아가셨을 때도 모양만 돌아가신 것일까요? 고통의 모양만 있었고 고통을 전혀 느끼지 않으셨을까요? 그런 사상은 노세티즘(Docetism)의 사상인데, 이것은 초대 기독교 당시의 한 사상으로서, 그리스도께서 당하신 고통은 실제적인 것이 아니라 단지 형상적이었고, 부활하신 후에는 영적인 몸, 즉 실제적인 몸이 아니라 인간적인 모습만을 가지고 있었다는, 그때 당시 이설로서 취급되었던 교리이며 사상입니다.

성경에는 죄 자체가 되신 예수님께서 우리의 죄 때문에 겪으신 겟세마네와 갈보리의 십자가에서 겪으신 고통과 고난에 대하여 자세히 기록되어 있습니다. 그분께서는 속속들이 인간이 당해야 하는 죽음과 죄를 대신 지시는 고통을 당하셨고, 몸에 죄를 지셨습니다. 죄를 대신 진다는 뜻은 죄 자체가 되셨다는 뜻입니다. 그 의미는 죄를 지었을 때 당하고 느끼는 죄책감, 그리고 죄를 지었을 때 느끼는 불행한 마음, 죄를 지었을 때 갖는 소망이 없어지는 마음, 죄지었을 때 은혜가 없이 완전히 정죄당하는 느낌이 드는 것을 말합니다. 그분은 우리를 구원하시기 위하여 정말 죄 자체가 되신 것이며, 정말 인간이 되셨습니다. 얼마나 놀라운 사랑입니까!

"하나님의 영은 이것으로 알지니, 곧 예수 그리스도께서 육체로 오신 것을 시인하는 영마다 하나님께 속한 것이요" (요일 4:2).

제4부 죄인은 구세주가 될 수 없다?

이전 페이지를 읽으면서 아마 매우 당황스러워져서 다음과 같은 질문을 던지는 독자들이 있을지 모르겠습니다. "만일 예수님께서 우리와 같은 본성을 입고 오셨다면 예수님이 죄인이 되는 것 아닙니까? 우리는 태어날 때부터 죄인이고, 우리와 같은 인간으로 오셨다면 예수님도 죄인인데, 어떻게 죄인이 우리의 구세주가 될 수 있단 말입니까?" 특별히 이 문제를 공부할 때 빼놓을 수 없는 중요한 문제, 죄란 무엇인가? 그리고 태어날 때부터 인간이 죄인인가? 하는 문제에 대해서도 공부해 보기로 합니다.

1. 죄란 무엇인가?

예수님의 인성에 대해 연구해 보지 않은 사람들은 대부분, 왜 거룩한 예수님을 인간의 본성을 쓰신 죄인으로 만드는가 하고 반문합니다. 이러한 논리라면 예수님이 인간이 되신 것 자체가 죄인이 되었다는 말이 됩니다. 한 번도 죄를 지으신 적이 없어도 죄인이란 말일까요? 그렇다면 성경에 "죄는 없으시니라"(히 4:15)라는 말씀은 무엇일까요? 그리스도인들은 죄에 대한 정의를 바로 가지고 있어야 합니다. 왜냐하면, 죄의 정의 여하에 따라, 그리스도의 본성에 대한 이해가 아담이 범죄하기 전의 본성인가, 아니면 범죄한 이후의 본성인가로 달라지게 마련이기 때문입니다. 또한, 이 본성 문제에 대한 이해가 구원에 대한 신앙 여하를 결정하게 되어 있기 때문입니다.

성경은 죄의 정의를 분명하게 제시합니다. "죄는 불법이라"(요일 3:4). 불법이란 법을 어겨 행하는 것을 말합니다. 그 때문에 같은 성경 절의 전반부에는 "죄를 짓는 자마다 불법을 행하나니" "죄는 불법이라"라고 분명하게 일러줍니다. 사도 바울은 "율법이 없는 곳에는 범함도 없느니라"(롬 4:15)라고 하였습니다. 그러므로 하나님의 말씀에 주어진 죄에 대한 유일한 정의는, "죄란 율법을 범하는 것"이란 정의입니다. 그럼에도 허다한 신학자들이, 5세기의 어거스틴을 선두로 해서 이렇게 단순한 죄의 정의를 불만족스럽게 생각해왔습니다. 그런 식의 단순한 정의는 신학적 깊이가 결여된 정의라 느낀 것입니다. 그 결과 많은 신학자가 성경과 맞지 않는 새로운 죄의 정의를 만들어내고, 또 그와 더불어 새로운 그리스도의 본성, 즉 거짓 그리스도의 본성을 만들어 내었습니다.

신학자들이 만들어낸, 성경과 맞지 않은 새로운 죄의 정의란 다음과 같습니다. "죄란 사람이 무엇을 행함으로 율법을 어기는 것이 아니라, 사람의 영적 상태를 말한다.

다시 말해서 죄는 인간 의지의 행사 여하에 따른 것이 아니고, 타고난 인간의 상태이다. 행위는 인간 속에 있는 죄의 결과에 불과하다." 물론 이 말 속에는 어느 정도 진리가 포함된 것이 사실인데, 인간이 죄를 짓는 것은, 범죄한 아담으로부터 물려받은 연약성과 유전적인 영향으로 말미암아 죄로 기울어지려는 성향, 그리고 그 속에 자리 잡게 된 이기적 성질 때문입니다. 그러나 어디까지나 죄는 의지의 행사가 있을 때 성립되는 것이지, 연약한 인간의 본성 자체가 죄는 아닙니다. 지금 기독교 안에는 이렇게 많은 혼란과 오류와 거짓 복음이 난무하고 있는 것은 죄에 대한 잘못된 두 가지 정의 때문입니다. 기독교 안에 있는 죄에 대한 두 가지 정의에 대하여 정리해보겠습니다.

1) 원죄설 : "죄는 본성이다"라는 정의

첫 번째 죄에 대한 정의는 원죄설입니다. 이것은 우리의 본성이 바로 죄라는 가르침입니다. 우리가 어떻게 생각하고 말하고 행동하느냐에 따라서 죄인이 되는 것이 아니라, 우리 속에 잘못된 본성이 있는 그 자체가 죄라고 믿는 것입니다. 다시 말해서 이 정의는, 우리가 태어날 때에 이미 우리는 잃어버린 바 되고 정죄 받은 상태에서 태어난다고 믿는 것입니다. 곧, 우리는 지옥으로 갈 본성으로 태어났다고 믿는 것입니다. 그리고 이 원죄설이 기의 모든 개신교인이 믿고 있고 이해하고 있는 교리입니다. 원죄설은 우리가 숨을 쉬는 것처럼 우리의 본성 자체가 죄라고 말합니다. 그렇다고 하면, 우리는 우리의 본성과 늘 함께 있기 때문에, 다른 것은 할 수 없고 그냥 죄를 지을 수밖에 없는 사람이 됩니다. 그래서 그런 정의를 가진 사람에게 복음은 항상 용서만 해야 합니다. 우리가 태어날 때부터 주님께서 오실 때까지 항상 죄인이라 죄를 어떻게 할 수 없고, 다만 용서만 받고 살아야 한다는 말입니다. 이것이 바로 대부분 기독교인이 믿고 있는, 성경과 맞지 않는 교리입니다.

2) 죄는 선택 : "죄는 우리의 선택이다"라는 정의

성경이 말하는 죄의 정의는 그렇지 않습니다. 성경은 죄는 우리의 선택이라고 말합니다. 우리가 잘못된 본성을 유전적으로 받았다고 해서 자동으로 멸망 당하는 것이 아닙니다. 우리는 하나님 앞에 자유의지를 가지고 있는 인간들입니다. 우리는 악한 죄의 편과 선을 선택할 수 있는 의지와 선택권을 가지고 있습니다. 하나님께서는 인간을 창조하실 때 마음대로 조정할 수 있는 로봇으로 만들지 않으셨습니다. 하나님께서는 인간이 자신의 마음대로 선택할 수 있는 자유의지를 주셨습니다. 그분은 강제적인 굴종을 기뻐하지 않으셨기 때문에, 모든 존재가 하나님을 선택하고 자원하여 봉사하도록 의지의 자유를 허락하셨던 것입니다. 누구도 인간의 의지를 강제할 수 없습니다. 사람이 그리스도나 사탄, 둘 중 하나를 선택하여 그에게 순종하기로 하면, 그때 그리스도든 사탄이든 그 사람을 지배할 수 있게 되는 것입니다. 성경은 이 자유의지의 법칙에 대하여 잘 설명하고 있습니다.

> "너희 자신을 종으로 드려 누구에게 순종하든지, 그 순종함을 받는 자의 종이 되는 줄을 너희가 알지 못하느냐? 혹은 죄의 종으로 사망에 이르고, 순종의 종으로 의에 이르느니라"(롬 6:16).
>
> "누구든지 진 자는 이긴 자의 종이 됨이니라"(벧후 2:19).
>
> "그러므로 나의 사랑하는 자들아 너희가 나 있을 때뿐 아니라, 더욱 지금 나 없을 때에도 항상 복종하여 두렵고 떨림으로 너희 구원을 이루라. 너희 안에서 행하시는 이는 하나님이시니 자기의 기쁘신 뜻을 위하여 너희로 소원을 두고 행하게 하시나니"(빌 2:12-13).
>
> "깨어 의를 행하고 죄를 짓지 말라"(고전 15:34).
>
> "우리가 알거니와 우리 옛사람이 예수와 함께 십자가에 못 박힌 것은, 죄의 몸이 멸하여 다시는 우리가 죄에게 종노릇 하지 아니하려 함이니, 이는 죽은 자가 죄에서 벗어나 의롭다 하심을 얻었음이니라"(롬 6:6,7).

이 성경 절들은, 인간이 자신의 의지의 선택권을 사용하여 죄를 짓든지, 선을 행하든지 하는 것은 인간의 선택에 달렸다고 말하고 있습니다. 만일 원죄설이 주장하는 것처럼, 인간의 본성의 연약함과 연약한 모든 것이 죄라고 규정한다면, 위의 성경 절들이 인간에게 하는 요구는 정당하지 못하며 불공평한 것이 됩니다. 죄는 우리가 동의하고 선택할 때 죄가 되는 것입니다.

2. 유혹과 죄의 차이

많은 그리스도인이 유혹을 느끼는 자체를 죄라고 생각하며, 어떤 것에 끌리는 자체가 죄라고 말합니다. 물론 우리의 본성이 연약합니다. 그러나 성경은 타락한 영향을 받은 연약한 본성 그 자체가 죄라고 말하지 않습니다. 그렇게 끌리는 것은 죄가 아니라 유혹입니다. 죄에 대해 엄밀하게 따져서 정리하자면, 죄가 성립되는 데에는 단계가 있습니다. 죄가 성립되려면, 먼저 유혹을 받는 단계가 있습니다. 유혹은 우리를 자극하는 요소, 즉 보는 것, 듣는 것 등으로부터 옵니다. 그래서 우리의 내적인 것이 유혹을 받아서 끌려야하는 것입니다. 그다음 죄는 유혹 뒤에 옵니다. 곧, 유혹을 계속 품어야 죄가 되는 것입니다. 야고보는 이 단계에 대해 잘 설명하고 있습니다. "욕심이 잉태한즉 죄를 낳고, 죄가 장성한즉 사망을 낳느니라"(약 1:15). 예를 들어, 불순한 생각이 죄가 되기 위해서는 한 가지 일을 더 해야 하는데, 그것은 그 받은 유혹과 생각을 계속 품고 실행에 옮기는 것입니다. "오직 각 사람이 시험을 받는 것은 자기 욕심에 끌려 미혹됨이니"(약 1:14)라는 말씀처럼, 사람은 처음에 유혹을 받고, 그 욕심을 품어 죄를 짓게 되는 것입니다. 이것이 유혹을 죄가 되게 하는 것입니다.

그런데 보통 그리스도인들은 첫 번째 단계(끌리는 단계)가 죄라고 생각합니다. 그러나 성경은 유혹과 나쁜 생각을 계속 품어 죄를 짓는 것을 죄라고 말합니다. 예를 하나 들어 보겠습니다. 어떤 아버지가 아들에게 머리를 길게 기르지 말라고 했는데 아들이 장발족이 되었다 합시다. 이때 "죄"는 아들의 몸에서 머리털이 자라는 자연적이고 생리적인 현상이나 힘이 아니고, 이발하지 않은 "행위" 그것입니다. 인간은 범죄로 연약해진 인성을 타고났으므로, 누구나 머리에서 머리카락이 자라게 되어 있듯이, 천성적으로 죄로 기우는 경향, 이기적인 경향을 가지고 있습니다. 그러나 그 경향이 죄는 아닙니다. 죄는 사람이 자기의 의지를 하나님의 의지와 연합시키지 않기 때문에 그 경향에 굴할 때 오는 것입니다. 이 사실을 깨닫는 것은 매우 중요합니다.

3. 무염시태설

어거스틴이 원죄설을 주창한 이후, 천주교는 물론, 개신교의 대부분이 이 원죄설을 받아들이고 말았습니다. 그런데 원죄설을 믿는 사람들에게 큰 딜레마가 하나 생겼습니다. 그것은 예수님께서 인간이 되어, 곧 성육신 하셔서 이 땅에 오셔서 구주가 되셨는데, 원죄설을 믿으면 인간은 누구나 태어날 때부터 죄인이 되게 되어 있으므로, 예수님이 자연히 죄인이 된 것입니다. 또한, 죄인은 구세주가 될 수 없으므로 큰 문제가 생기게 되었습니다. 그래서 그들이 생각해 낸 것이 "무염시태설"이었습니다. 그 교리는 성모 마리아는 은총을 입어 하나님께서 죄를 없애주셨고, 그래서 죄가 없는 우리와는 다른 본성을 가지게 되었으며, 성모 마리아에게서 태어난 예수 그리스도 또한 죄가 없는, 우리와는 다른 본성을 가졌다는 교리였습니다. 그리하여 예수님은 우리의 구세주는 될 수 있지만, 우리와는 다른 본성을 타고나셨으므로 한 혈육이 되실 수 없게 만들어 놓았습니다. 그러므로 성경이 말하는 놀라운 진리, 곧 우리와 같은 본성을 타고나시고 한형제가 되시며, 우리 곁 가까이에서 모든 문제를 이해하고 도우시는, 한 혈육이 되어 우리를 동정하시는 예수님의 본성에 대한 놀라운 진리를 부인하는 결과를 낳고 만 것입니다.

제5부 우리도 예수님처럼 살 수 있다

성경은 우리가 예수님처럼 살아야 하며, 또 그렇게 살 수 있다고 말합니다. 왜 예수님께서 우리와 같은 본성을 입고 오셨을까요? 그것은 예수님께서 우리와 같은 본성을 입으시고도, 죄를 짓지 않고 계명을 지키시는 순결한 성품과 생애를 사신 것처럼, 우리도 그렇게 할 수 있다는 것을 보여주시기 위해서였습니다. 특별히 마지막 시대를 사는 그리스도인들에게 이 주제는 매우 중요한데, 그것은 마지막에 나타날 하나님의 참 백성 여자의 남은 무리의 특성이 예수 그리스도의 성품과 생애의 특성과 같다고 말하기 때문입니다.

"성도들의 인내가 여기 있나니 저희는 하나님의 계명과 예수 믿음을 지키는 자니라"(계 14:12). "용이 여자에게 분노하여 돌아가서, 그 여자의 남은 자손 곧 하나님의 계명을 지키며 예수의 증거를 가진 자들로 더불어 싸우려고 바다 모래 위에 섰더라"(계 12:17).

하나님께는 마지막 시대에 사탄의 고소와 반격을 침묵시키시기 위해 한 무리가 필요합니다. 그 백성은 바로, 하나님의 법은 불공평한 것이며 지킬 수 없다고 하나님의 정부에 반기를 들고 일어난 사탄의 고소가 틀렸다는 것을 우주에 증명할 무리입니다. 한 백성, 곧 하나님의 계명은 지킬 수 있는 것이며, 그분의 계명을 지키는 성품을 가질 때에, 온 우주와 지구가 얼마나 아름답고 평화롭고 살만한 곳이 된다는 것을 증거할 증인들이 필요하신 것입니다.

1. 그것이 유혹이 아니었다면?

우리와 같은 타락한 본성을 입으셨지만, 예수님께서는 한 번도 죄를 지은 적이 없으셨다고 성경은 말합니다. "모든 일에 우리와 한결같이 시험을 받은 자로되 죄는 없으시니라"(히 4:15). 예수님께서는 모든 면에서 우리와 같은 인성과 본성을 입으셨지만, 예수님은 신성의 충만하심 가운데 거하시므로, 어떤 악한 감정이나 일과도 관계하지 않으시고, 모든 죄를 이기신 순결한 생애를 사셨습니다(요 14:30 참조). 예수님께서는 이 땅에 사실 때에, 우리와 똑같이 시험과 유혹을 받으셨습니다. 항복할 가능성이 없다면 유혹은 유혹이 아닙니다. 만일 시험에 굴복할 가능성이 없다면, 시험은 시험이 되지 않았을 것입니다. 만일 그분이 실패할 가능성이 전혀 없으셨더라면, 그분은 인간이 시험당하는 것같이 모든 일에 한결같이 시험을 받으실 수가 없었을 것입니다. 그분도 아담처럼, 그리고 모든 사람처럼 시험대에 오른, 자유의지를 사용할 수 있는 자유 행위자였습니다.

예수님께서 당하신 유혹은 생생한 현실이었습니다. 그것이 유혹이 아니었다면, 육체에 계실 때에 예수님은 우리 인간들처럼 시험을 이기기 위해 심한 통곡과 눈물로 하나님 아버지께 기도하지 않으셨을 것입니다. 그리고 유혹이 예수님께 유혹이 되지 않았더라면, 주님은 승리를 위해 애쓰실 필요도 없었고, 그러면 그분은 우리의 모본이 되실 수 없었을 것입니다. 그것은 인성을 쓰신 주님이 견뎌야 할 유혹과 시험이었습니다. 그것은 우리 인간의 모본이 되시기 위하여 이겨내야 할 시험들이었습니다. 만약 타락하는 것이 불가능한 것이었다면, 그분은 인간들이 시험을 당하는 것처럼 모든 일에 한결같이 시험을 받을 수가 없었을 것입니다. 예수님께서 인성을 쓰시고 이 땅에 오셔서, 몸소 모든 것을 체험하시는 그 위험한 시간을 보내셨던 것은, 우리에 대한 놀라운 사랑 때문이었습니다.

2. 우리 힘으로?

성경은 우리도 예수님께서 하신 것처럼 죄를 승리할 수 있다고 말씀하고 있습니다. 또한, 죄를 이기고 승리하는 사람만이, 마지막 선과 악의 대전쟁에서 하나님의 증인이 될 수 있습니다. 마지막에 살아계신 하나님의 인을 받는 사람들을 보십시오! 모든 죄를 이기고 승리하며, 온전한 하나님의 사랑의 성품(곧 악한 것을 생각하지 않고, 시기하거나 질투하지 않고, 악한 술수를 쓰지 않고, 거짓말을 하지 않고 입에 흠이 없으며, 교만하지 않고 이기심이 없고, 남을 미워하지 않고 원수도 사랑하고 용서하는 사랑의 성품)을 이룬 사람들이기 때문에, 그들은 앞이마에 하나님의 인을 받는 것입니다. 마지막 여자의 남은 무리는 예수님과 같은 성품을 가지고, 예수님과 같은 생애를 사는 사람들입니다. 그들은 새 언약관계에 들어간 사람들인데, 곧 거듭나고 온전히 변화된 그들의 마음과 생

각에는 하나님의 계명이 쓰여 있습니다. 곧 하나님의 계명을 지킬 수 있는 사람으로 온 마음 바탕이 변해 있는 것입니다. 하나님을 너무 사랑하기 때문에 악이 너무 싫어지고, 죄와 악한 것이 너무 싫으므로 계명이 저절로 지켜지는 마음과 성품으로 변한 것입니다.

죄를 승리하고 이기는 삶, 죄가 싫어지고 죄와는 상관없이 살아가는 변화가 과연 인간에게 가능할까요? 예수님께서 우리와 같은 인성을 가지고 오셨다는 것을 부인하는 사람들에게 이런 삶과 변화는 불가능합니다. 왜냐하면, 예수님은 우리와는 다른 본성을 가진 분이시기 때문에, 우리와 달라서 우리의 모본이 되실 수 없기 때문입니다. 그러나 예수님이 우리와 같은 본성을 입고 오셨다고 믿는 사람, 우리와 같은 인성을 쓰시고 똑같이 시험을 받으셨지만, 죄를 한 번도 지으신 적이 없이 순결하고 흠 없는 생애를 사셨다고 믿는 사람에게는 그것이 가능합니다. 그런데 여기에 매우 중요한 사실이 하나 있습니다. 죄를 승리하는 일은 우리의 힘으로는 할 수 없습니다. 하나님께서 우리의 마음을 변화시켜 주시고 죄를 싫어하는 마음이 생기도록, 정결한 마음을 재창조해 주셔야 하는 것입니다. 이 일에는 하나님의 은혜와 능력이 필요합니다. 하나님의 은혜는 힘(파워)과 능력이기 때문에, 우리의 죄를 용서해주실 뿐만 아니라, 우리가 또다시 같은 죄를 반복해서 짓지 않도록 힘을 주십니다.

3. 예수님이 사신 것처럼

그렇다면 어떻게 승리하는 생활이 가능할까요? 그것은 우리도 예수님께서 사신 방법 그대로 살면 되는 것입니다. 예수님께서 사신 방법은 의외로 매우 단순합니다. 예수님의 삶을 한 번 살펴보며, 그 방법을 배워보겠습니다.

* 예수님께서 사신 방법

1. 새벽 미명에, 모든 일을 하기 전에 제일 먼저 하나님과 함께 교통하며 오래 기도하셨습니다. 그렇게 하늘의 은혜와 축복이 마음에 충만하게 차기 전까지는 어떤 일도 하시지 않았으며, 하나님 아버지의 가납하심과 인정을 받기 전에는 하루 일을 시작하지 않으셨습니다.

2. 다른 어떤 것을 머릿속에 넣기 전에, 제일 먼저 하나님의 말씀을 충분하게 읽으시고 그 말씀을 머리와 마음속에 저장하셨습니다.

3. 그날의 읽은 말씀을 온종일 묵상하고, 그 말씀의 뜻과 의미가 체험과 마음속에 녹아들 때까지 진리의 말씀을 음미하셨습니다.

4. 매 순간 하나님을 모시고 그분의 임재 속에서 하나님과 하나가 되어 사셨습니다.

5. 사탄의 유혹이 올 때, 자신의 뜻과 마음대로 하고 싶은 의지를 포기하시고, 하나님 아버지의 뜻대로만 행하셨습니다. "나는 스스로 아무것도 할 수 없노라"라고 하시며, 자신을 비우시고 오직 아버지의 뜻대로만 행하셨습니다.

6. 철저하게 아버지 하나님의 영광과 계획대로만 사셨습니다. 예수님께서는 절대 마음대로 행하지 않으셨는데, 비단 예수님 자신, 메시아에 관한 예언이 성취되는 문제에 있어서까지도, 그 예언이 성취되어야 하는 하나님의 시간표를 기다리셨고, 하나님의 섭리를 인내로서 기다리셨습니다.

7. 하나님의 마음과 사랑으로 모든 영혼을 이해하시고 용서하시고 사랑하셨습니다. 모든 사람을 구원해야 할 사람으로 대하시고 다루셨습니다.

8. 하나님의 사역, 즉 복음을 전파하고 사람들에게 진리를 전하는 사역이 그분 생애의 가장 우선적인 것이 되었습니다.

이 외에 예수님께서 사신 방법은 많이 있지만, 위의 방법들은 우리가 모방하고 따라 하기에 너무 쉽고 가능한 것들입니다. 이 방법들은 우리가 넉넉히 실행할 수 있는 것이 아닐까요? 정말 예수님을 사랑한다면, 그리고 우리가 죄를 미워하고 버리고 싶은 마음이 간절하다면, 또 우리가 하나님을 기쁘시게 하고 그분께만 영광 돌리는 삶을 살고 싶다면, 예수님께서 보이신 모본을 따라가며, 이 방법들을 실천해 보면서, 죄를 이기는 것이 가능한지 아닌지 체험해 보면 되지 않겠습니까? 이 모든 일은 하나님의 은혜로 가능한 것입니다.

4. 예수님은 거듭난 사람만의 모본?

많은 그리스도인이 의아해하며 묻습니다. "예수님은 성령으로 태어나셨고, 또 하나님이셨으니까 그분 속에는 신성이 거하시지 않았습니까? 그러니까 그렇게 사실 수 있었지요. 우리가 어떻게 그렇게 살 수 있겠습니까?" 맞는 말입니다. 예수님께서는 성령으로 나셨습니다. 그렇다면 우리는 성령으로 날 수 없습니까? 그럴 수 있습니다. 거듭나면 그것은 가능합니다. 거듭나는 것은 곧, 성령으로 나는 것, 성령으로 태어나는 것입니다. 그러므로 거듭난 사람은 예수님처럼 성령으로 새롭게 태어난 사람입니다. 예수님은 거듭나지 않은 사람의 모본이 아니십니다. 예수님은 오직 거듭난 사람, 성령으로 난 사람의 모본이십니다.

그런데 거듭난 사람이라고 유혹이 없을까요? 아닙니다. 성령으로 다시 태어나고 거듭났어도, 육신의 습관과 유전자의 영향을 받은 연약성은 그대로 남아 있습니다. 그래서 매일 그 거듭남을 유지하고 예수님의 은혜와 능력으로 죄를 이기기 위해, 매일 매순간 마음을 주님께 바쳐야 하며, 매일 다시 거듭나야 합니다. 예수님도 마찬가지셨습니다. 성령으로 나셨고 또 하나님이셨지만, 우리와 같은 인성을 입으셨던 예수님께서는, 인간이 느끼는 것과 똑같이 느끼셨고, 우리와 똑같이 유혹 받으셨습니다. 그러나 예수님께서는 한 번도 그 유혹에 굴복해 보신 일이 없으셨습니다. 만일, 예수님께서 우리와 다른 본성을 입고 오셨더라면, 우리가 유혹 당할 때 그리고 쓰러질 때, 얼마나 예수님과의 간격을 느꼈겠습니까? 그러나 우리와 똑같은 입장에 처해 보시고 우리와 똑같이 느껴보신 주님이 계셔서, 우리를 너무 잘 이해하시고, 동정하시고, 어떻게 도울 줄을 아시기 때문에, 우리는 너무 안심되고 감사한 것입니다. 거기에다가 주님은 우리의 변호사이시며 중보자이시지 않습니까!

마치면서

우리는 예수님처럼 살아야 합니다. 아니 우리는 예수님처럼 살 수 있습니다. 우리와 같은 본성을 입고 오신 예수님께서 모든 유혹과 죄를 승리하시고 사신 것처럼, 우리도 그렇게 살 수 있습니다. 비록 타고난 우리의 연약성이 너무 많아 불가능하게 느껴질지라도, 우리는 우리의 힘으로가 아니라, 주님의 능력과 은혜로 죄를 승리하며 살 수 있습니다. 그렇게 살 수 있다는 것을 믿으며, 그렇게 사는 것을 "예수님의 믿음", 곧 예수님께서 가지셨던 믿음이라고 부릅니다. 예수님께서 우리와 같은 본성을 입고 오셔서, 하나님 아버지만을 의지하고 믿음으로 죄짓지 않고 사신 믿음을 "예수님의 믿음"이라고 부르는 것입니다. 계시록의 마지막에 등장할 여자의 남은 무리는 예수님의 믿음을 가진 사람들이며, 하나님의 은혜와 능력으로 계명을 지키는 삶, 곧 모든 죄를 승리하는 삶을 사는 사람들입니다.

우리와 같은 인성을 입고 오셔서, 모든 일에 우리와 한결같이 시험을 받으시고, 우리의 경험을 몸소 겪으셔서 우리를 어떻게 도와주실지 아시는 주님, 그리고 지금 하나님 우편에 앉으셔서 우리를 위해 중보 해 주시는 주님이 계신 것이 얼마나 고마운 일입니까! 우리를 구원해주시기 위해 우리와 같은 입장으로 내려오신 주님의 놀라운 희생과 사랑이 있기 때문에, 우리는 오늘도 힘차게 주님의 발자취를 따라갈 수 있는 것이 아닙니까? 하나님이시지만 하나님이기를 포기하시고, 자신을 비워 종의 형체를 취하신 놀라운 예수님의 사랑을 묵상하면서, 그 사랑이 우리의 마음을 가득 채워, 모든 죄를 승리하는 일이 가능해지기를 기도드립니다. 그리고 이 책을 읽는 우리 모두가, 우리와 같은 본성을 입고 오셔서 흠 없는 생애를 사신 예수님처럼 그렇게 살 수 있기를 기도드립니다.

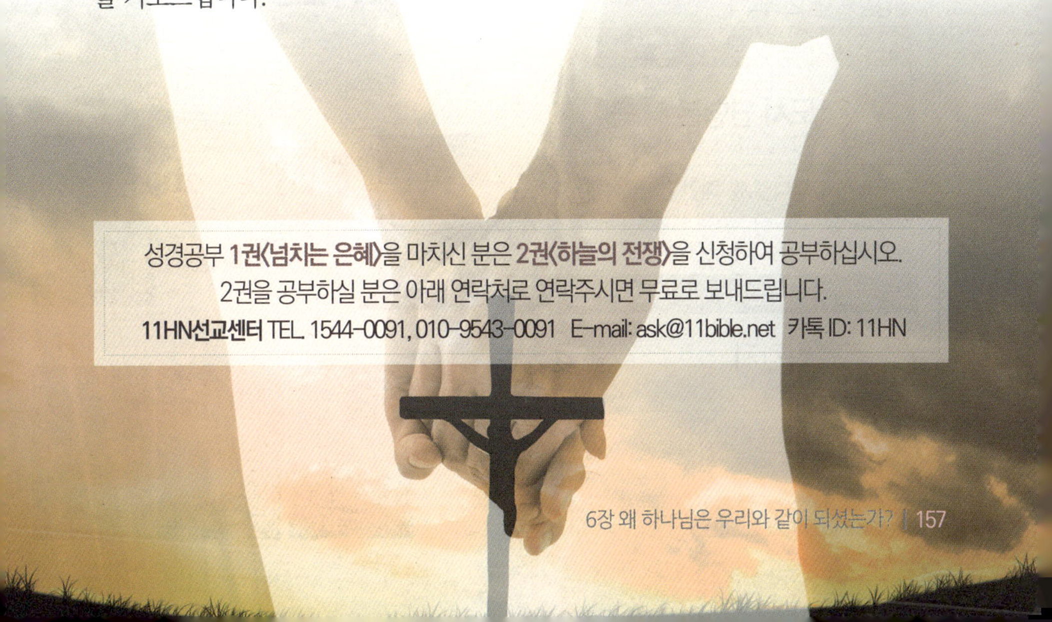

성경공부 **1권〈넘치는 은혜〉**을 마치신 분은 **2권〈하늘의 전쟁〉**을 신청하여 공부하십시오.
2권을 공부하실 분은 아래 연락처로 연락주시면 무료로 보내드립니다.
11HN선교센터 TEL. 1544-0091, 010-9543-0091 E-mail: ask@11bible.net 카톡 ID: 11HN

11HN 열한시 네트워크

11TH HOUR NETWORK

01 YouTube채널 [11HN 성서연구원]

▪유튜브에서
11HN 성서연구원 검색

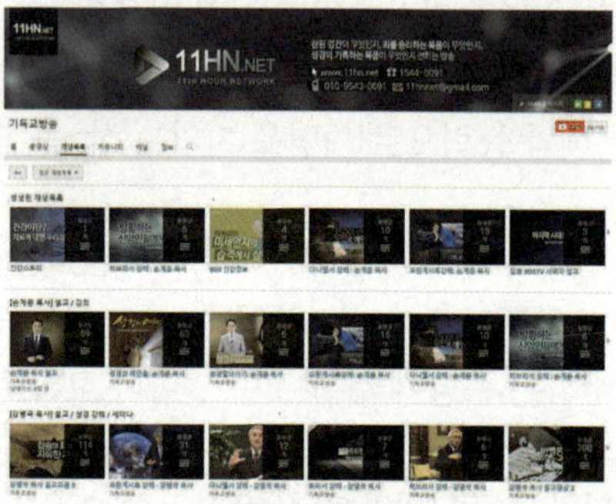

차별화된 기독교 방송이 제공됩니다!

- **설교** 마지막 시대를 살아가는 현대인들을 하늘 백성으로 준비시키는 참된 만나
- **강의** 성경의 예언들, 성경연구, 그리스도인 연애와 결혼 등 다양한 주제의 성경강의
- **간증** 거듭난 사람들의 간증과 행복한 가정, 자녀 교육, 그리스도인의 삶
- **건강** 현대인에게 필요한 건강 상식, 스트레칭, 채식 요리 레시피
- **토크쇼** 그리스도인 청년들의 토크, 참 신앙을 찾는 사람들의 이야기
- **다큐** 마지막 시대를 살아가고 있는 현대인들을 위한 성경 다큐

02 성경공부 시리즈 Bible Study Series

복음과 예언 등 성경의 다양한 주제들을 쉽고 깊이있게 알아갈 수 있는 성경공부 시리즈입니다.

연락주시면 1권을 무료로 보내드립니다

03 도서 단행본 11HN Books

요한계시록/다니엘 등 예언 연구, 복음, 그리스도인 생활, 교리, 그리스도의 생애, 기독교회사 등 삶을 변화시키는 진리가 담긴 책자들이 있습니다.

필요하신 분은 연락주시면 보내드리겠습니다.

04 월간지 Magazine

성경의 진리를 회복하고
가정과 건강과 신앙을 지키는 월간지

지금 신청하시면 무료로 보내드립니다

05 소셜 네트워크 SNS & Network

네이버 카페 Naver Cafe

그리스도인
www.kingsm.net

진리의 말씀을 사모하고 그 말씀대로 살길
원하는 사람들을 위한 온라인 카페

카카오스토리 Kakao Story

11HN기독교방송

손계문 목사의
이것이 그리스도인이다

팟빵 • 팟캐스트

Podbbang
•
Podcast

11HN 검색하기
컴퓨터와 스마트폰에 MP3를 듣고 다운받을 수 있습니다.

06 11HN 선교센터 11HN Global Ministry

www.11bible.net ✉ ask@11bible.net

한국 ☎1544-0091/010-9543-0091 **미국** ☎1-917-935-9006

보내주시는 후원과 기도에 진심으로 감사드립니다!

후원 계좌 (예금주 : 열한시)

농협 301-0019-4151-11 국민 611601-04-222007 하나 630-006815-376

후원 자동이체 서비스

스마트폰에 [네이버 앱]을 설치하신 후, [QR 코드] 검색하시면 아래와 같이 [렌즈] 인식검색이 보입니다.

음성 음악 렌즈 어라운드

[렌즈]를 누르시고, 오른쪽에 있는 QR코드 이미지를 찍으면 [후원 자동이체 서비스]페이지로 이동합니다.

11HN 네트워크

미국 후원 계좌
Pay to order : **11HN SOSTV Inc**
보내실곳: **4640 Glen Level Dr, Sugar Hill, GA 30518**
11HN SOSTV의 Tax ID No는 82-4291717 이며, 세금 공제 혜택을 받으실 수 있습니다.

11HN 선교센터로 연락하세요. 참 신앙과 새로운 영적경험이 열립니다.
TEL. 1544-0091, 010-9543-0091 E-mail: ask@11bible.net 카톡 ID: 11HN